은혜는 마르지 않는다

은혜는 마르지 않는다

지은이 | 이재훈
초판 발행 | 2014. 3. 25
2판 1쇄 | 2024. 7. 24
등록번호 | 제3-203호
등록된 곳 | 서울특별시 용산구 서빙고로65길 38
발행처 | 사단법인 두란노서원
영업부 | 2078-3333   FAX 080-749-3705
출판부 | 2078-3477

책 값은 뒤표지에 있습니다.
ISBN 978-89-531-4892-5   03230

독자의 의견을 기다립니다.
tpress@duranno.com   http://www.duranno.com

이 책의 성경 본문은 개역개정판을 사용했습니다.

두란노서원은 바울 사도가 3차 전도여행 때 에베소에서 성령 받은 제자들을 따로 세워 하나님의 말씀으로 양육하던 장소
입니다. 사도행전 19장 8-20절의 정신에 따라 첫째 목회자를 돕는 사역과 평신도를 훈련시키는 사역, 둘째 세계선교(TIM)
와 문서선교(단행본·잡지) 사역, 셋째 예수문화 및 경배와 찬양 사역, 그리고 가정·상담 사역 등을 감당하고 있습니다.
1980년 12월 22일에 창립된 두란노서원은 주님 오실 때까지 이 사역들을 계속할 것입니다.

은혜는
마르지
Amazing Grace
않는다

이재훈 지음

두란노

하나님의 은혜는
결코 마르지 않습니다

하나님의 은혜에 대한 가장 적절한 비유는 바다입니다. 모든 물이 바다로 흘러 내려가듯 하나님의 은혜는 우리의 모든 죄와 허물을 받아들이고 삼켜 버립니다. 인간의 어떠한 죄와 허물도 그 은혜의 바다를 마르게 할 수 없습니다.

하나님의 은혜는 결코 더러워지지 않습니다. 세상의 어떤 더러운 탁류도 그 은혜의 바다를 더럽힐 수 없습니다. 바다가 끊임없이 자정하여 그 생명력을 유지하듯이 하나님의 은혜의 바다는 세상으로 인하여 그 생명력이 사라지지 않습니다.

하나님의 은혜란 하나님이 우리에게 사랑을 베푸시기 위해 허리를 굽히신 것입니다. 전지전능하신 하나님께서 한없는 사랑을 우리에게 베푸시되 겸손하게 베푸신 것입니다. 지극히 높으신 분이 전적으로 타락한 인간의 연약함 때문에 지극히 자신을 낮추신 것입니다. 하나님은 인간을 정죄하고 판단하시는 것에 그치지 않고 구원과 회복을 일으키기를 기뻐하십니다.

하나님은 은혜의 통로로 독생자 예수 그리스도를 선택하셨습니다. 하나님이 우리에게 은혜를 베풀기 위해서는 반드시 하나님의 공의와 진리가 선행되어야 하는데, 이것을 예수 그리스도에게 담당시키심으로 우리를 값없이 의롭다 하셨습니다. 이는 우리로 하여금 하나님 은혜의 영광을 찬송하게 하기 위해서입니다(엡 1:6-7).

　우리 안에 믿음이 시작되는 것은 이러한 하나님의 은혜를 발견할 때이고, 믿음이 성숙에 이르는 것은 예수 그리스도 안에 있는 하나님의 풍성한 은혜를 찬양할 때입니다.

　신앙이 타락하는 것은 하나님의 은혜를 정확히 알지 못하기 때문입니다. 교회가 타락하는 것은 은혜를 왜곡하고 망각하기 때문입니다. 반면에 교회가 부흥될 때는 언제나 은혜에 대한 각성에서 시작되었습니다.

　그런 까닭에 하나님의 은혜를 감히 말하자니 두려움이 앞섭니다. 부족한 설명이 은혜의 빛을 가려 그림자를 만들지 않을까, 은혜의 영광을 더럽히지는 않을까 두렵습니다. 그럼에도 그동안 묵상해 온 은혜에 대한 이야기를 이 책에 담고자 했습니다. 이 책이 하나님 은혜의 영광을 조금이나마 나타내고 많은 성도들이 은혜로 회복되는 데 도움이 되기를 기도합니다.

2014년 3월
이재훈

contents

PART 2. 은혜를 가로막는 것들, 은혜가 흐르게 하는 것들

PART 3. 은혜는 마르지 않는다

PART 1

잃어버린 은혜의
감격을 회복하라

14 말씀이 육신이 되어 우리 가운데 거하시매 우리가 그의 영광을 보니 아버지의 독생자의 영광이요 은혜와 진리가 충만하더라 **15** 요한이 그에 대하여 증언하여 외쳐 이르되 내가 전에 말하기를 내 뒤에 오시는 이가 나보다 앞선 것은 나보다 먼저 계심이라 한 것이 이 사람을 가리킴이라 하니라 **16** 우리가 다 그의 충만한 데서 받으니 은혜 위에 은혜러라 **17** 율법은 모세로 말미암아 주어진 것이요 은혜와 진리는 예수 그리스도로 말미암아 온 것이라

요 1:14-17

CHAPTER 1

은혜와 진리,
하나님의 두 얼굴?

우리의 영적 생활에서 가장 큰 위험과 유혹은 '나는 다 안다'라고 여기는 것입니다. 우리가 과연 하나님의 은혜를 다 알 수 있을까요? 당신은 날마다 하나님의 은혜를 놀라운 경험으로 받고 있습니까? 혹시 하나님의 은혜가 너무 익숙해서 진부한 단어가 되지는 않았습니까?

나는 이 책을 통해 '하나님의 은혜가 얼마나 놀라운가'를 여러 각도에서 살펴보고자 합니다. 그동안 자신도 모르게 잊혀졌고 익숙해져 버린 하나님의 은혜를 새롭게 발견하고 그 은혜가 당신을 깨우는 계기가 되었으면 합니다. 또한 아는 것 같지만 막연했던 은혜에 대한 개념을 새롭게 정립하고 은혜를 실제로 깊이 경험하게 되기를 바랍니다.

구원을 세 가지 차원의 시제로 말하면, '칭의', '성화', '영화'라고 할 수 있습니다.

칭의란, 우리가 과거에 지은 모든 죄가 용서받음으로 의롭게 된 것을 말합니다. 성화란, 현재 우리가 그리스도를 닮아 가며 거룩하게 되는 것을 말합니다. 그리고 영화란, 우리가 미래에 그리스도처럼 변화되는 것을 말합니다.

우리는 믿음으로 의롭게 된 것을 은혜라고 고백합니다. 또 미래에 우리가 영광스럽게 변화될 것도 다 하나님의 은혜로 될 것으로 믿습니다. 그런데 성화되어 가는 현재의 우리 삶에 대해서는 우리가 은혜로 거룩하게 되고, 은혜로 변화되고, 은혜로 예수님을 닮아 간다고 생각하지 않습니다. 은혜로 구원을 얻었으나 현재의 삶은 나의 의와 공로, 노력, 성취로 이뤄진다고 생각하기 때문입니다. 나의 행위를 근거로 하나님과 관계를 맺어 가고 세워 가려고 합니다. 현재 우리 삶에서 하나님의 은혜가 실종된 까닭이 여기에 있습니다. 신앙이 더 견고해지지 못하는 까닭도, 하나님의 풍성한 능력과 은혜를 경험할 수 없는 이유도 이 때문입니다.

하나님과 나의 관계는 철저히 하나님의 은혜에 기초하고 있음을 깨달아야 현재의 삶이 은혜의 삶으로 회복될 수 있습니다.

필립 얀시(Philip Yancey)는 "은혜라는 단어는 오염되지 않은 마지막 단어다"라고 했습니다. 사실 사랑이라는 단어가 얼마나 오염되었습니까? 드라마나 대중가요에서 타령하는 사랑은 너무나 많이 오염되어 있음을 알 수 있습니다. 그에 비하면 '은혜'는 아직 오염되지 않은 단어입니다. C. S. 루이스(Lewis)는 "기독교와 다른 종교의 차이점이 무엇인가?"라는 질문에 이렇게 대답했습니다.

"그것은 오직 은혜다."

다른 종교에도 은혜와 겹치는 부분이 있긴 합니다. 자비가 있고 용서가 있고 사랑이 있습니다. 그러나 전적인 은혜는 오직 성경에 나타난 예수 그리스도와 하나님이 주시는 은혜밖에 없습니다. 은혜는 기적이 아닙니다. 은혜를 기적으로 오해하는 순간 기독교는 샤머니즘이 되고 크리스천은 종교생활자가 되고 맙니다.

은혜를 은혜 되게 하는 것

삼위일체 하나님은 은혜의 하나님이십니다. 베드로전서 5장 10절은 은혜를 이렇게 설명하고 있습니다.

"모든 은혜의 하나님 곧 그리스도 안에서 너희를 부르사 자기의 영원한 영광에 들어가게 하신 이가 잠깐 고난을 당한 너희를 친히 온전하게 하시며 굳건하게 하시며 강하게 하시며 터를 견고하게 하시리라."

히브리서는 '은혜의 성령'이라고 표현하고 있습니다. 은혜의 성령님이십니다.

> "하물며 하나님의 아들을 짓밟고 자기를 거룩하게 한 언약의 피를 부정한 것으로 여기고 은혜의 성령을 욕되게 하는 자가 당연히 받을 형벌은 얼마나 더 무겁겠느냐 너희는 생각하라"(히 10:29).

예수님도 당연히 은혜의 예수님이십니다.

> "우리는 그들이 우리와 동일하게 주 예수의 은혜로 구원 받는 줄을 믿노라"(행 15:11).

사도 바울의 편지들을 보면 언제나 첫머리에 은혜와 평강을 기원한다고 적고 있습니다. 그리고 마지막도 "주 예수 그리스도의 은혜가 여러분에게 있기를 빕니다"라는 축복으로 마무리합니다. 사도 바울이 가르친 것처럼 은혜와 평강은 주 예수 그리스도를 통해 우리에게 주어집니다.

그러면 예수님은 누구입니까? 예수님을 설명하려면 단어가 하염없이 열거될 수 있습니다. 하지만 나는 예수님을 설명하는 단어를 두 가지로 요약한다면 '은혜'와 '진리'라고 말하고 싶습니다. 요한복음 1장도 예수님을 이 단어로 설명하고 있습니다. 예수님은 은혜와 진리가 충만하신 분입니다.

> "말씀이 육신이 되어 우리 가운데 거하시매 우리가 그의 영광을 보니 아버지의 독생자의 영광이요 은혜와 진리가 충만하더라… 우리가 다 그의 충만한 데서 받으니 은혜 위에 은혜러라 율법은 모세로 말미암아 주어진 것이요 은혜와 진리는 예수 그리스도로 말미암아 온 것이라"
> (요 1:14-17).

"은혜와 진리는 예수 그리스도로 말미암아 온 것이라"고 했는데, 이때 시제가 단수로 쓰였습니다. 은혜와 진리는 두 단어인데 단수로 쓰인 것은 하나라는 의미입니다. 그런데 우리는 이 두 가지를 분리해서 은혜를 추구하다 보면 진리를 버리게 되고, 진리를 추구하다 보면 은혜를 버리게 되는 것을 봅니다. 그러나 예수 그리스도 안에서 은혜와 진리는 하나가 되었습니다. 예수님을 닮아 가는 우리에게서도 이 은혜와 진리가 하나로 충만해집니다. 은혜와 진리가 분리되지 않는 것입니다.

하나님은 모세에게 자신을 계시하실 때 이렇게 설명하셨습니다.

> "여호와께서 그의 앞으로 지나시며 선포하시되 여호와라 여호와라 자비롭고 은혜롭고 노하기를 더디하고 인자와 진실이 많은 하나님이라

인자를 천대까지 베풀며 악과 과실과 죄를 용서하리라 그러나 벌을 면제하지는 아니하고 아버지의 악행을 자손 삼사 대까지 보응하리라"(출 34:6-7).

여호와 하나님은 은혜로우신 하나님입니다. 긍휼을 베푸시고, 오래 참으시며, 선하신 분입니다. 동시에 하나님은 진리의 하나님이시기에 진리의 공의로운 보응을 하십니다. 그래서 하나님은 모세에게 자신을 은혜와 진리가 충만하신 하나님으로 소개했습니다. 성령님도 은혜의 영이시고, 동시에 진리의 영이십니다. 삼위일체 하나님은 은혜와 진리가 충만하신 분입니다.

DNA는 이중나선형 구조로 되어 있습니다. 두 가닥이 꼬여 나선형으로 연합되어 있습니다. 서로가 서로를 결합해서 보완해 주는 구조입니다. 하나님의 영적 DNA는 하나는 은혜요, 또 하나는 진리입니다. 은혜와 진리가 서로 하나되어 붙어 있을 때 온전한 하나님의 성품이 되는 것입니다.

다시 한 번 묻습니다. 당신은 하나님의 은혜를 놀라운 은혜로 받고 있습니까? 그렇지 않다면 왜 하나님의 은혜가 놀랍지 않습니까?

은혜만 바라봤기 때문입니다. 은혜를 은혜 되게 하는 것은 하나님의 진리입니다. 우리가 진리를 외면한 채 은혜만 붙잡기 때문에 우리 삶에 놀라운 은혜의 고백이 없는 것입니다.

구약성경을 보면 끔찍한 장면이 많이 나옵니다. 우리는 구약에서 공의로우신 하나님을 자주 만납니다. 이스라엘 백성이 여리고를 정복할 때 하나님은 모두 진멸하라고 명령하십니다. 남녀노소와 가축을 다 진멸하라고 명령하셨습니다. 사무엘서에서 웃사는 흔들리는 수레를 붙잡았다가 그 자리에서 죽임을 당했습니다. 하나님이 어쩌면 이렇게 잔인하단 말입니까?

그런데 구약성경은 왜 하나님을 이렇게 잔인하고 무서운 분으로 묘사하는 것일까요? 다시 말해 구약은 왜 하나님의 공의, 즉 진리의 성품을 강조하는 것일까요? 그것은 하나님이 우리에게 베푸신 은혜가 얼마나 큰지를 보여 주기 위해서입니다. 구약성경을 제대로 읽으면 예수 그리스도를 통해 우리에게 주어진 십자가의 은총이 얼마나 놀랍고 귀한지, 그 은혜를 깨닫게 됩니다.

성경에서 우리가 가장 안 읽는 책이 있다면 레위기일 것입니다. 새해가 되면 성경일독을 굳게 결심하며 성경을 폅니다. 창세기와 출애굽기까지는 재미있어서 읽기가 순조롭습니다. 그런데 성막 이야기가 나오기 시작하면 '내가 이걸 왜 읽지?' 하면서 점점 읽기 속도가 느려집니다. 그러다 꽃피는 춘삼월이 되고 레위기에 이르면 성경 읽기가 중단되고 맙니다. 그러다 일주일쯤 지나서 '이러면 안 되겠다' 싶어 다시 민수기부터 시작합니다. 민수기는 적어도 이야기라 레위기보다 읽기가 낫습니다. 레위기는 한마디로 제사를 위한 매뉴얼이라고 할 수 있습니다.

동물을 죽이고 그 피를 받아서 뿌리고 각을 뜨는 등 온통 제사법이다
보니 어떻게 묵상해야 할지 모릅니다.

나는 어릴 때 레위기를 읽으면서 동물을 제사장에게 갖다 주면 제사
장이 알아서 다 해주는 줄 알았습니다. 그런데 레위기를 잘 읽어 보면
그게 아닙니다. 제사장이 할 일과 제물을 드리는 사람이 할 일이 따로
정해져 있습니다.

레위기 1-5장은 예물을 드리는 사람이 해야 할 일에 초점을 두고 있
습니다. 6장부터는 제사장이 주로 할 일에 초점을 둡니다. 예물을 드리
는 사람은 소를 가져가서 껍질을 벗기고 각을 뜨고 내장에 있는 기름을
다 떼어 내야 합니다. 물론 레위인이 도살을 돕긴 하지만 모든 과정은
예물을 드리는 사람이 직접 해야 했습니다. 새의 목을 따고, 칼로 동물
을 찔러서 죽이는 일을 직접 해야 했습니다.

하나님은 왜 그런 끔찍한 일을 직접 하게 하셨을까요? 죄가 얼마나
끔찍한지를 알게 하기 위해서입니다. 이스라엘 백성은 직접 예물을 드
리면서 다시는 죄를 짓지 말아야겠다고 다짐했던 것입니다. 동물을 끔
찍하게 죽이는 제사를 경험해야, 다시는 피의 제사를 드릴 필요가 없는
십자가의 은혜를 이해할 수 있습니다. 복음이, 십자가의 희생이 우리에
게 은혜로 다가오지 않는 것은, 우리가 레위기에 나타난 죄에 대한 하
나님의 공의로운 심판을 무시하기 때문입니다.

구약에 나타난 진리와 공의의 하나님을 체험하지 않으면 신약에 나

타난 은혜의 하나님, 십자가를 통해 우리를 구원하신 하나님을 체험할 수 없습니다. 초대교회 당시에 이단이던 말시온은 "구약은 믿을 필요가 없다. 구약에 나오는 하나님은 열등한 하나님이다. 너무 잔인한 하나님이다. 신약에 나타난 예수 그리스도의 아버지, 그분만이 우리에게 은혜로우신 분이다"라고 했습니다. 그는 하나님의 의로움, 즉 진리의 성품을 이해하지 못했던 것입니다. 그러나 진리의 하나님을 이해하지 못하면 하나님의 은혜도 경험할 수 없습니다.

진리가 분명할수록 은혜는 더 밝히 드러난다

은혜가 은혜 되려면 다음의 다섯 가지 진리가 전제되어야 합니다.

첫째, 인간은 완전히 타락했으며 절망스러운 존재라는 사실입니다.

로마서에서 "기록된 바 의인은 없나니 하나도 없으며 깨닫는 자도 없고 하나님을 찾는 자도 없고 다 치우쳐 함께 무익하게 되고 선을 행하는 자는 없나니 하나도 없도다"(롬 3:10-12)고 했습니다. 우리 중에 죄 없는 사람은 아무도 없습니다. 이 말씀에 적용되지 않는 사람은 아무도 없습니다. 예레미야는 만물보다 심히 부패한 것이 우리 안의 마음이라고 했습니다(렘 17:9). '나는 왜 이것밖에 안 되나', '그는 왜 그렇게밖에 행동할 수 없었나?' 하며 실망하지 마십시오. 인간은 실망할 존재가 아니라 절망해야 할 존재입니다.

그런데 우리는 곧잘 '내가 얼마나 괜찮은 사람인가!' 하며 스스로 감탄합니다. 교회에서 봉사를 잘한다고, 새벽기도에 빠지지 않고 나온다고, 성경을 잘 안다고 스스로 대견해 합니다. 내가 심히 부패해서 절망해야 할 인간임을 잊어버리는 것입니다. 그럴 때 하나님의 은혜는 더이상 은혜가 되지 않습니다. 마땅히 누려야 할 복으로 여겨집니다.

둘째, 인간은 스스로 자신을 구원하지 못한다는 사실입니다.

깊은 협곡이 장관을 이룬 그랜드캐니언에서는 멀리뛰기를 2~3m 뛰든 1m 뛰든 아무 소용이 없습니다. 멀리뛰기로 건널 수 있는 곳이 절대아닙니다. 마찬가지로 인간의 능력이 많든 적든 인간의 힘으로는 이 부패한 마음을 벗어날 길이 없습니다. 어떤 도덕과 윤리로도, 어떤 종교로도, 어떤 선행과 고행으로도 인간의 부패함을 벗어날 수 없습니다. 이것이 진리입니다. 그러므로 돈으로, 자선으로, 고행으로, 선행으로 부패한인간성을 벗어날 수 있다고 가르치는 모든 종교는 진리가 아닙니다. 이진리를 인정하지 않으면 은혜는 은혜가 되지 못합니다.

셋째, 하나님은 죄에 대해서 반드시 공의로운 심판을 하신다는 것입니다.

지옥을 믿지 않는 사람들은 "사랑의 하나님이 지옥을 만드실 리가 없다. 은혜의 하나님이 그러실 리 없다"고 말합니다. 그러나 지옥이 없다면 은혜도 없습니다. 하나님이 모든 죄와 사탄을 지옥으로 보내지 않는다면 더 이상 은혜의 하나님이 아닙니다. 우리가 가야만 했던 곳이 얼마나 끔찍한 곳인지를 알지 못하면 하나님의 은혜가 얼마나 놀라운 것인지를 알 수 없습니다.

넷째, 하나님이 베푸시는 은혜는 하나님의 자유로운 결정이라는 것입니다.

하나님은 우리를 구원하지 않아도 여전히 의로우신 분입니다. 우리를 죄 가운데 버려두셔도 하나님은 의로우신 분입니다. 죄에 빠진 우리를 징벌하고 공의로운 심판을 하셔도 하나님은 의로우신 분입니다. 그러므로 하나님이 우리를 구원하신 것은 우리를 구원해야 할 의무가 있기 때문이 아닙니다. 그것은 오로지 하나님의 은혜로운 결정에 따른 것입니다.

마찬가지로 하나님이 우리에게 은혜를 베푸시는 것은 그렇게 해야 할 의무 때문이 아닙니다. 하나님은 우리에게 은혜를 베푸셔도 되고 안 베푸셔도 됩니다. 그러나 하나님은 우리에게 은혜를 베풀기로 결정하셨습니다. 이것이 은혜입니다.

하나님이 노아 시대에 모든 사람을 진멸하셨더라도 그분은 의로우신 분입니다. 공의로우신 하나님, 진리이신 하나님은 헛되이 심판하시는 분이 아니기 때문입니다. 그런데 하나님은 우리를 구원하기로, 은혜 베푸시기로 결정하셨습니다. 하나님의 이 자유로운 선택으로 우리는 구원을 받았습니다. 이 얼마나 놀라운 하나님의 은혜입니까?

다섯째, 하나님은 우리에게 쏟아 부을 공의로운 징벌을 하나님 스스로 담당하셨다는 것입니다.

사람들은 예수님의 십자가 사건을 믿고 싶어 하지 않습니다. '세상에 공짜는 없다'는 말을 굳게 믿기 때문입니다. 내가 받을 징벌을 하나님이 담당하셨다는 사실이 도무지 이해되지 않는 것입니다. 그러니 하나님의 은혜를 놀라운 은혜로 받아들일 수 없습니다.

하나님은 우리가 받을 징벌을 그분의 아들 예수 그리스도 안에서 스스로 담당하셨습니다. 그로 인해 우리는 값없이 죄 값을 치렀고 용서받을 수 있게 되었습니다. 하나님은 이제 우리의 행위에 따라 우리를 처벌하시지 않습니다. 우리가 예수 그리스도를 믿고 의지하면 하나님은 값없는 은총으로 우리를 붙잡아 주십니다. 이것이 믿어질 때, 이 진리가 우리 삶을 사로잡을 때 우리는 은혜로 살아가는 인생이 됩니다.

많은 사람이 은혜란 모든 죄와 문제를 그냥 덮는 것으로 오해합니다. 은혜는 진리를 덮어 버리거나 무시하는 것이 아니라, 진리를 드러내는 것입니다. 하나님의 은혜가 생각할수록 놀랍다면 내가 얼마나 죄인인지가 더 분명해집니다. 은혜가 은혜가 될 때 진리가 더 밝히 드러납니다. 그러므로 진리를 외면하면 은혜는 사라집니다. 은혜가 은혜 되지 못하는 것은 진리가 진리 되지 못하기 때문입니다.

하나님은 우리가 담당해야 할 죄의 대가를 친히 담당하시므로 우리를 값없이 용서하셨습니다. 이 은혜를 받아들이고 체험한 사람은 놀랍게도 진리를 행할 능력을 갖게 됩니다. 진리를 행하게 되는 것입니다.

은혜는 진리의 수준을 낮추는 것이 아니라 높이는 것입니다. 예수님은 산상수훈에서 마음으로 미움을 품기만 해도 살인한 자라고 말씀하셨습니다. 구약의 율법 시대에는 죄를 행해야 죄라고 인정하던 것과 비교하면 진리의 수준이 훨씬 높아졌습니다.

이처럼 하나님의 은혜 아래 사는 사람은 더 엄격한 진리의 기준을 가지고 살아가게 됩니다. 이것이 참된 은혜입니다. 하나님의 은혜를 사모할수록 우리는 더욱 진리를 행하게 됩니다. 진리를 깨달을수록 하나님의 은혜에 더 놀라게 됩니다.

¹ 예수께서 여리고로 들어가 지나가시더라 ² 삭개오라 이름하는 자가 있으니 세리장이요 또한 부자라 ³ 그가 예수께서 어떠한 사람인가 하여 보고자 하되 키가 작고 사람이 많아 할 수 없어 ⁴ 앞으로 달려가서 보기 위하여 돌무화과나무에 올라가니 이는 예수께서 그리로 지나가시게 됨이러라 ⁵ 예수께서 그곳에 이르사 쳐다보시고 이르시되 삭개오야 속히 내려오라 내가 오늘 네 집에 유하여야 하겠다 하시니 ⁶ 급히 내려와 즐거워하며 영접하거늘 ⁷ 뭇 사람이 보고 수군거려 이르되 저가 죄인의 집에 유하러 들어갔도다 하더라 ⁸ 삭개오가 서서 주께 여짜오되 주여 보시옵소서 내 소유의 절반을 가난한 자들에게 주겠사오며 만일 누구의 것을 속여 빼앗은 일이 있으면 네 갑절이나 갚겠나이다 ⁹ 예수께서 이르시되 오늘 구원이 이 집에 이르렀으니 이 사람도 아브라함의 자손임이로다 ¹⁰ 인자가 온 것은 잃어버린 자를 찾아 구원하려 함이니라

눅 19:1-10

CHAPTER 2

은혜는 내가 찾는 것인가,
나에게 찾아오는 것인가?

우리 인생을 계절로 비유하면 봄은 청소년들의 사춘기라고 할 수 있
습니다. 아직 완전히 성장하지 않았는데 다 큰 줄로 알고 혼자서 뭔가
를 하겠다고 덤비는 시기지요. 사춘기는 인생의 봄에 겪는 방황과 갈등,
고민의 시기라고 할 수 있습니다. 반면에, 인생의 가을에 겪는 방황과
갈등, 고민이 있습니다. 중년의 방황입니다. 이를 두고 '사추기'라고 부
르기도 합니다.

봄은 아름다운 꽃들이 피어나서 화려하고, 가을은 탐스런 오곡백과
가 풍성해서 화려한 계절입니다. 이렇게 화려한 봄과 가을에 인생의 방
황이 시작되는 것입니다.

이 방황의 시간에 가장 고민하는 질문이 한 가지 있습니다. '나는 과연 누구인가?'입니다. 사춘기 청소년들은 이 문제가 해결되지 않아 가족과 불화하고 친구들과 갈등합니다. 중년의 위기인 사추기에도 이 문제를 붙듭니다. 사회에 진출해 열심히 일하고 결혼해 아이를 양육하면서 정신없이 살다가 이제 어느 정도 여유를 가질 즈음, 문득 '나는 누구인가?'라는 질문이 다시 고개를 드는 것입니다.

그러나 인류는 오랜 역사를 통해 이 문제를 붙들었지만 어느 누구도 이것을 속 시원히 대답해 주지 못했습니다. 이 질문에 대한 많은 철학자들이 가장 좋아하는 대답은 '나는 나다'입니다. '산은 산이고 물은 물이다. 그러므로 나는 나다.' 얼마나 명쾌하고 멋진 대답처럼 보입니까? 그런데 '나는 나다'라는 대답이 무엇을 해결해 주었습니까? 아무것도 해결하지 못합니다. 인간이 찾아낸 어떤 대답도 궁극적인 해결을 주지 못합니다.

왜냐하면 '나는 누구인가?'라는 질문 자체가 잘못되었기 때문입니다. 이 질문은 이렇게 바꿔야 합니다. '나는 누구에게 속한 사람인가?'

사실 '나는 누구인가?'를 묻는 이유는 소속감에 대한 갈망 때문입니다. 청소년기에 방황하지 않는 청소년들을 보면, 대개 가정에 깊은 소속감이 있든가, 아니면 친구와 같은 어떤 단체에 깊은 소속감을 느끼고 있는 것을 봅니다. 중년의 사추기도 마찬가지입니다. 소속감이 확실한 사람은 방황하지 않습니다. 낙엽이 지고 살을 에는 바람이 불어대도 낙심하지 않고 인생의 허망함에 무릎 꿇지 않을 수 있는 것은 이 소속감 때문입니다.

그러므로 이제 '나는 누구인가?'가 아니라 '나는 누구에게 소속되었는가?'를 물으십시오. 당신은 누구에게 소속되었습니까? 당신은 어디에 소속되어야 살아갈 수 있는 존재입니까?

잃어버린 사람, 삭개오

마르틴 부버(Martin Buber)는 그의 책 《나와 너》에서 "내가 누구인지를 알려면 너라는 존재를 알아야 한다"고 말했습니다. 그런데 사람들은 '너'를 'It'으로 상정하기 때문에 절대 '너'도 모르고 '나'도 모릅니다. 'It'은 중성대명사로 물질과 환경 등 모든 비인격적인 존재를 지칭합니다. 너를 이런 비인격적인 존재로 상정하니 아무리 환경이 좋아지고 물질이 많아지고 사회적 지위가 좋아져도 내가 누구인지를 알 수 없다는 것입니다.

'나'라는 존재와 부딪치는 '너'라는 존재를 발견해야 '나'를 발견할 수 있습니다. 마르틴 부버는 이 개념을 철학적으로 설명했지만, 우리는 '너'란 바로 하나님, 그분이어야 함을 알 수 있습니다. '나'라는 존재와 부딪쳐서 '나'를 발견하게 하는 가장 중요한 '너'는 바로 하나님입니다.

하나님이 창조한 나, 하나님께 속한 나를 발견하고 깨달아야 우리 인생은 방황을 멈출 수 있습니다. 인생에 어떤 계절이 찾아오든 생명을 피워 낼 수 있습니다.

본문에서 예수님이 만나신 사람은 삭개오입니다. 삭개오는 여리고의 세리장이었습니다. 여리고는 당시 가장 물동량이 많은 지역이었습니다. 물동량이 많다는 것은 그만큼 세금도 많이 걷힌다는 뜻입니다. 그런 여리고의 세리장이었으니 삭개오는 꽤 부자였을 것입니다.

삭개오에게는 '키가 작다'는 콤플렉스가 있었습니다. 콤플렉스가 있는 사람은 이 콤플렉스를 다른 것으로 채우려는 경향이 있습니다. 세리장 삭개오는 단신이라는 콤플렉스를 돈으로 채워 보려 한 인물입니다. 돈을 많이 벌면 아무도 무시하지 않을 거라는 계산이 있었던 것입니다. 삭개오는 세리장에 오를 만큼 많은 돈을 벌었습니다. 그러나 그의 주변에는 삭개오의 돈이 필요해서 모여드는 사람밖에 없었습니다. 삭개오를 진심으로 좋아하는 사람은 아무도 없었습니다.

중년이 된 삭개오는 어느 날 문득 '나는 누구인가? 나는 어디서 와서 어디로 가는가? 내가 추구해 온 돈이 과연 나를 만족시키는가?'라는 질문에 당면하게 되었습니다. 그러나 아무리 생각해도 답을 찾을 수 없었습니다.

그런데 삭개오가 사는 마을에 예수님이 오신다는 소문이 들렸습니다. 삭개오는 예수님을 보기 위해 체면을 무릅쓰고 뽕나무로 기어 올라

갔고, 마침내 예수님을 만날 수 있었습니다.

이 삭개오 이야기에서 우리는 다른 데서는 볼 수 없는 특이한 점을 발견하게 됩니다. 예수님이 이전에도 이후에도 "내가 누구의 집에 머물러야겠다"고 말씀하신 적이 없다는 점입니다. 예수님이 분명한 의지를 가지고 누구의 집에 가겠다고 말씀하신 것은 이때가 유일합니다.

"삭개오야 속히 내려오라 내가 오늘 네 집에 유하여야 하겠다"(눅 19:5).

이 말씀은 단순히 방문하겠다는 것이 아니라 일정 기간 머물겠다는 뜻입니다. 그런데 예수님의 이 같은 제안은 당시로선 충격적인 것이었습니다. 왜냐하면 삭개오는 정당한 방법으로 부를 축적한 부자가 아니었으며 사람들로부터 공분을 사던 인물이었기 때문입니다. 삭개오는 동족의 혈세를 로마에 바치면서 부를 축적한 사람입니다. 일제 강점기 친일 행위를 한 사람들과 다르지 않았던 것입니다. 그래서 당시 이스라엘 사람들은 세리를 죄인의 범주에도 포함시키지 않고 '세리와 죄인'이라고 따로 부름으로써 특별히 증오했습니다. 죄인보다 더한 죄인이었던 것입니다.

그런 삭개오 집에 예수님이 머물겠다고 하니까 예수님을 만나러 몰려온 사람들이 갑자기 어안이 벙벙해졌습니다. 한방 맞은 듯한 충격에 휩싸이던 사람들이 수군거리기 시작합니다.

"뭇 사람이 보고 수군거려 이르되 저가 죄인의 집에 유하러 들어갔도
다 하더라"(눅 19:7).

예수님은 삭개오가 어떤 사람인지 모르고 그런 제안을 하셨습니까?
아닙니다. 예수님은 누구보다 삭개오를 잘 알았습니다. 처음 만났는데
도 삭개오의 이름을 불러 주셨습니다. 예수님은 굳이 삭개오 집에 머물
겠다고 한 이유를 다음과 같은 말로 설명하십니다.

"인자가 온 것은 잃어버린 자를 찾아 구원하려 함이니라"(눅 19:10).

이 말씀은 누가복음 전체의 주제이기도 합니다. 인자, 곧 하나님의
아들이신 예수님이 하늘의 영광을 버리고 성육신하여 이 땅에 오신 목
적은, 잃어버린 자를 찾아 구원하기 위해서입니다. 그런 의미에서 삭개
오는 누가복음의 전체 주제와 가장 잘 부합하는 인물입니다.

예수님은 삭개오를 '잃어버린 자'로 규정하셨습니다. 삭개오는 무엇
을 잃어버린 것입니까? '잃어버렸다'는 말은 과연 무엇을 의미하는 것
일까요? 길을 가다가 지갑을 떨어뜨렸는데 그 지갑을 누군가가 가져갔
다면 나는 지갑을 잃어버린 것입니다. 즉 '잃어버렸다'는 말은 소유권이
바뀌었다는 뜻입니다. 지갑이 어디에도 존재하지 않는다는 뜻이 아니
라 마땅히 있어야 할 곳에 없다는 뜻입니다.

수많은 사람이 인생의 위기를 만나면 갈등하다가 갈피를 못 잡고 방황합니다. '내가 누구에게 속한 존재인가'를 알지 못하기 때문입니다. 사람들이 갈피를 못 잡고 방황하는 까닭은 친밀한 소속감이 없기 때문입니다. 사람들은 아웃사이더가 아니라 인사이더가 되고 싶어서 방황하는 것입니다. 나를 알아주는 '너'를 갖고 싶어 합니다.

삭개오는 돈이 어떤 안정적인 소속감을 가져다줄 줄로 알았습니다. 돈만 있으면 안전하고 평안하고 행복할 줄 알았습니다. 하지만 돈은 결국 허탈감만 안겨 줄 뿐이었습니다. 돈을 벌 때는 사람들의 비난이나 아픔, 상처가 눈에 보이지 않았습니다. '욕하라고 해. 결국 내가 부러워서 미쳐 버릴걸' 하며 사람들의 시선을 무시했습니다. 그런데 막상 그토록 원하던 많은 돈을 손에 쥐고 보니 너무나 허탈했습니다.

사람들의 비난과 조롱이 귀에 들리기 시작하고, 세리인 자신으로 인해 괴로워하는 가족들의 모습이 보이기 시작합니다. "아빠는 왜 이렇게 살아?" 하는 자녀의 목소리가 따갑게 다가옵니다. 주변의 사람들은 여전히 그에게 아첨하고 굽실거리지만, 모두 마음에 없는 가식이라는 걸 잘 압니다.

이렇듯 어느 날 문득 정신을 차리고 보니 삭개오 주변에는 아무도 없었습니다. 그를 진심으로 걱정해 주고 충고해 주고 귀하게 여겨 주는 사람이 아무도 없었습니다. 가족도 없고 이웃도 없고 친구도 없었습니다.

중년의 삭개오에게 찾아온 것은 정체성의 극심한 혼란을 가져온 사추기였습니다.

삭개오는 왜 나무에 올랐는가?

그러한 삭개오가 예수님이 오신다는 소문을 듣고 그를 보기 위해 나무에 올랐습니다. 왜 그랬겠습니까? 유명한 사람 얼굴 좀 보자고 철부지 어린애처럼 만사 제쳐두고 나무에 오른 겁니까? 과연 어느 공직자가 그런 체신머리 떨어지는 행동을 하겠습니까?

그러므로 삭개오가 나무에 오른 사건은 단순한 사건이 아닙니다. 그만큼 삭개오에게 찾아온 사추기의 위기가 심각했다는 뜻입니다. 삭개오가 젊은 시절 앞뒤 가리지 않고 돈에 혈안이 되었던 것처럼 지금 삭개오는 자기 인생을 의지할 무언가를 절박하게 찾고 있습니다. 어딘가에 소속되길 바라는 이 간절한 소원을 해결해 줄 누군가를 찾고 있습니다. 위기에 빠진 사람은 사람들의 시선이 중요하지 않습니다. 집에 불이 났는데 화장을 고치고 있을 사람은 아무도 없습니다.

삭개오가 오른 나무는 돌무화과나무입니다. 돌무화과나무는 무화과나무과이긴 한데 열매가 쓰고 맛이 없어서 상품 가치가 떨어지는 나무입니다. 사람들이 잘 찾지 않는 나무입니다. 그래서 농부는 일정 시기가 되면 이 돌무화과나무 열매에 구멍을 뚫고 기름을 발라서 상품 가치를 높여 주었습니다.

삭개오는 돌무화과나무에 오를 때 마치 열매에 기름을 붓는 농부인 것처럼 위장했을지도 모릅니다. 이미 너무 유명해서 그렇게 위장한다고 사람들이 못 알아보지는 않았겠지만 그는 예수님이 위기에 빠진 자신을 건져 주지 않을까 기대하며 나무에 올랐습니다. 삭개오는 지금 'seeker', 즉 '찾는 사람'인 것입니다.

그런데 예기치 않은 일이 일어났습니다. 예수님이 그의 이름을 부르며 그의 집에 가겠다고 하시는 것입니다. 삭개오는 깜짝 놀랐습니다. 그는 왜 놀랐습니까?

첫째는, 예수님이 삭개오의 이름을 아셨다는 사실 때문입니다. 예수님은 그날 처음으로 삭개오를 만났습니다. 더구나 삭개오가 나무에 오른 사실까지 예수님은 알고 계셨습니다. 가던 걸음을 멈추고 나무를 올려다보며 그의 이름을 불렀던 것입니다.

예수님이 삭개오의 이름을 불렀다는 것은 무엇을 의미할까요? 그것은, "내가 너를 다 안다, 네가 어떻게 살아왔는지 잘 안다, 네가 왜 그랬는지도 안다, 지금 네가 왜 나무에 올랐는지도 잘 안다"는 모든 의미가 함축된 것입니다. 누군가 나를 "목사님" 하지 않고 "재훈아" 한다면 그는 옛날부터 나를 잘 아는 사람입니다. 마찬가지로 예수님은 그런 의미로 삭개오를 부르셨습니다.

내가 소년부 전도사였을 때의 일입니다. 당시 소년부 아이들이 200명 가량이었는데, 설교하려고 단상에 오르면 항상 앞자리에서 떠드는 한 무리의 아이들이 있었습니다. 늘 신경이 쓰였습니다. 그러던 어느 날 순심방을 갔는데, 마침 그 아이들의 가정에 가게 되었습니다. '이 아이가 어느 집사님 아들이구나, 어느 집사님 딸이구나' 다 알게 된 거죠.

그 뒤 주일에 설교를 하는데 늘 떠들던 아이들이 입을 꾹 다물고 나를 뚫어지게 쳐다보는 겁니다. 내심 '얘들이 왜 이러지?' 당황스러웠습니다. 애들이 떠들지 않으니까 설교도 잘 안 되었습니다. 그동안 아이들이 떠드는 소리에 맞춰 설교하는 게 버릇이 되었던 모양입니다. 그러다 문득 아이들의 눈빛에서 그 이유를 발견하게 되었습니다. '이제 전도사님이 우리를 안다'였습니다. 이제 부모님도 알고 내가 누군지도 아니까 떠들면 안 되겠다 하는 눈빛이었던 것입니다.

예수님이 삭개오의 이름을 부르는 순간, 삭개오는 '그가 나를 잘 안다'는 사실을 깨달았고, 그 사실에 깜짝 놀랐던 것입니다.

둘째는, 예수님이 삭개오의 집에 머물겠다고 하셨기 때문입니다.

유대인들의 관습에 따르면, 집을 방문하거나 초청하는 것은, 대단한 친밀감을 나타냅니다. 내가 너와 친구가 되고 싶다는 의미입니다. 그러니까 예수님의 제안은 "나는 너를 친구로 생각하는데, 너는 나를 친구로 받아 줄 수 있겠니?"의 의미였던 것입니다.

이 한마디에 예수님 주변으로 몰려든 수많은 사람이 기겁을 했습니다. 그들은 예수님이 "삭개오야"라고 불렀을 때 다음과 같은 말이 이어지길 기대했을 것입니다.

"네가 네 죄를 알렸다. 불의하게 축적한 모든 재물을 다 가난한 사람에게 주고, 지금 당장 회개하고 나를 따르라."

예수님이 이렇게 말씀하셨다면 모두 박수를 치며 통쾌해했을 것입니다. 그런데 예수님은 그들의 기대와 전혀 다른 말씀을 하셨습니다. "내가 너의 친구가 되고 싶다." 그러자 사람들이 실망하여 수군거리기 시작했습니다.

그런데 이 사건 이전에 예수님은 젊은 부자 관원을 만났습니다(눅 18:18-30). 그는 어렸을 때부터 말씀을 잘 지킨 경건한 사람이었습니다. 부모님한테 물려받은 재산도 많고 교육도 많이 받은 엘리트입니다. 누구나 부러워하던 청년이었습니다. 그런 사람이 예수님을 찾아와서 이렇게 물었습니다.

"내가 어떻게 하면 영생을 얻을 수 있겠습니까?"

청년은 이 질문의 답을 몰라서 예수님께 물어본 걸까요? 아닙니다. 자신의 지식을 과시하고 싶어서 이 질문을 한 것입니다. 그래서 예수님은 마음을 꿰뚫어 보시고 이렇게 대답하십니다.

"네가 생명에 들어가려면 계명들을 지키라"(마 19:17).

그러자 그는 어려서부터 율법을 잘 지켜 왔다고 대답합니다. 그때 예수님이 청년에게 강한 도전을 하십니다.

"네게 아직도 한 가지 부족한 것이 있으니 네게 있는 것을 다 팔아 가난한 자들에게 나눠 주라 그리하면 하늘에서 네게 보화가 있으리라 그리고 와서 나를 따르라"(눅 18:22).

청년은 예수님의 이 강한 도전 앞에 풀이 죽어 근심하며 돌아갔다고 성경은 기록하고 있습니다. 청년은 종교적으로 율법적으로 완벽할 정도로 살아왔습니다. 그러나 그에게 인생의 주인은 하나님이 아니라 돈이었습니다. 예수님은 이 점을 지적하신 것입니다.

"너 다 좋은데 한 가지 부족한 것이 있어. 그게 뭐냐면 너는 아직 인생의 주인이 돈이야. 너는 아직 돈에 속해 있는 사람이야. 그러니 주인을 바꾸지 않으면 영생을 얻을 수가 없어. 네가 주인 삼은 돈 가난한 사람들한테 다 나눠 주고 나를 따르면 돼."

청년은 주인을 바꾸고 싶지 않았습니다. 그래서 예수님의 요구를 따를 수 없었습니다. 결국 믿음을 액세서리로 갖고 싶던 청년에겐 영생이 보장되지 못했습니다.

만일 예수님이 이 부자 관원에게 "돈을 다 버리고 나한테 오라" 하지 않고 "너희 집에서 묵어야겠다" 했다면 청년도 사람들도 열광했을 것입니다. 예수님이 친구 삼기 딱 좋은 사람이라고 모두 수긍했을 것입니다. 반대로 삭개오에게 "돈을 다 버리고 나한테 오라" 했다면 그 순간 예수님의 인기는 하늘을 찔렀을 것입니다. 삭개오에겐 이런 요구가 마땅하다고 생각했을 것입니다.

그러나 예수님은 반대로 말씀하셨습니다. 청년에겐 "다 버리고 나를 따르라"고 진리를 말씀하셨고, 삭개오에겐 "친구가 되자"고 은혜를 말씀하셨습니다. 예수님은 그 사람에게 가장 필요한 것을 말씀하신 것입니다. 삭개오는 이미 돈이 주인 될 수 없다는 사실을 깨달았습니다. 그에게 필요한 것은 그를 진심으로 염려하고 충고해 주고 귀하게 여겨 주는 친구였습니다.

예수님은 삭개오의 가난한 심령을 간파하셨던 것입니다. 예수님은 무엇을 보고 삭개오의 필요를 간파하셨을까요? 나무에 오르는 모습을 보고 아셨습니다.

당신은 어떻습니까? 삭개오처럼 심령이 가난해져서 나무에 오르고 있습니까? 내가 누구에게 속한 존재인가를 확실히 알기 위해 세상에서 찾지 않고 하나님께 찾는 것이 나무를 오르는 것입니다. 그때 하나님은 "OO야, 내려오너라. 내가 너의 친구가 되고 싶다"고 말씀하십니다. 그 순간 방황은 끝이 납니다. 답을 찾았기 때문입니다.

잃어버렸으나 찾는 자가 된 삭개오

그런데 문제는 예수님이 나의 친구라는 사실을 믿지 못하는 불신입니다. "정말 제 친구가 맞나요?" 하지 마십시오. 친구가 되자 하신 예수님을 그대로 받아들이십시오. "좀만 이따가요. 정리 좀 하고요" 하지 마십시오. 지금 당장 예수님을 집으로 초청하십시오.

가끔 심방 갔다가 실수하는 일이 있습니다. 화장실인 줄 알고 문을 열었는데 뜻밖에 온갖 잡동사니가 너저분하게 널린 방이 나오는 것입니다. 목사가 심방한다니까 지저분하게 널려 있던 온갖 잡동사니를 급하게 한 방에 밀어 넣은 것입니다. 주인이 급하게 쫓아오며 "목사님, 거긴 안 돼요" 하지만 이미 상황이 종료된 상태입니다.

아무리 문을 걸어 잠그고 벽장 속에 쓰레기를 구겨 넣어도, 예수님은 다 아십니다. 그러므로 정리 안 된 그 상태로 예수님을 받아들이시기 바랍니다. 정리하고 포장해서 나의 멋진 모습을 보여 드리려는 것은 종교생활입니다. 나의 허물과 연약함과 방황을 그대로 보여 드리는 것이 예수님을 만나는 길입니다.

삭개오는 예수님을 집에 모신 뒤 놀라운 고백을 합니다.

> "주여 보시옵소서 내 소유의 절반을 가난한 자들에게 주겠사오며 만일 누구의 것을 속여 빼앗은 일이 있으면 네 갑절이나 갚겠나이다"(눅 19:8).

삭개오의 삶에 변화가 일어났습니다. 회개가 일어나고 회개에 합당한 열매가 나타났습니다. 자기가 죄인임을 인정하고 속임수로 돈을 빼앗은 것을 인정했습니다. 가난한 사람에게 재산의 절반을 나누겠으며, 속여 빼앗은 것은 네 배로 갚겠다고 결단했습니다. 삭개오는 이로 인해 어쩌면 파산할지도 모릅니다. 하지만 삭개오에게 그것은 중요하지 않습니다. 이제 그는 돈에 속한 인생이 아니라 하나님께 속한 인생임을 알았기에 파산해도 두렵지 않습니다.

그는 나아가 세리장이라는 직업도 내려놓았을지도 모릅니다. 그리고 그동안 잘못된 모든 관계를 청산하고 새롭게 인생을 출발했을 것입니다.

삭개오는 이제 자유해졌습니다. 자유함이란 무엇입니까? 그만두어야 할 때 그만둘 수 있는 것입니다. 아무도 강요하지 않지만 스스로 결단하여 옳은 길을 선택하는 것입니다. 만일 그만두어야 할 때 그만둘 수 없다면 아직 노예 상태에 있는 것입니다. 삭개오는 돈의 종이었으나 버림으로써 자유해졌습니다. 진정한 주인을 모셨기 때문에 돈이라는 우상이 더 이상 필요 없게 된 것입니다.

변화된 그에게 예수님은 이렇게 말씀하십니다.

> "예수께서 이르시되 오늘 구원이 이 집에 이르렀으니 이 사람도 아브라함의 자손임이로다 인자가 온 것은 잃어버린 자를 찾아 구원하려 함이니라"(눅 19:9-10).

삭개오는 잃어버렸으나 찾는 자가 되었습니다. 삭개오가 주님 앞에 찾는 자로 나아오자 주님은 삭개오의 친구가 되어 주었습니다.

우리는 모두 잃어버린 것으로 생각했지만 하나님은 우리를 찾는 자로 인도해 주셨습니다. 그리고 주님을 만나 구원받은 자로, 잃었던 생명을 찾는 자로 찾아 주셨습니다.

'나'라는 존재와 부딪쳐서 '나'를 발견하게 하는 가장 중요한 '너'는 바로 하나님입니다. 하나님이 창조한 나, 하나님께 속한 나를 발견하고 깨달아야 우리 인생은 방황을 멈출 수 있습니다. 인생에 어떤 계절이 찾아오든 생명을 피워 낼 수 있습니다.

²¹ 예수께서 거기서 나가사 두로와 시돈 지방으로 들어가시니 ²² 가나안 여자 하나가 그 지경에서 나와서 소리 질러 이르되 주 다윗의 자손이여 나를 불쌍히 여기소서 내 딸이 흉악하게 귀신 들렸나이다 하되 ²³ 예수는 한 말씀도 대답하지 아니하시니 제자들이 와서 청하여 말하되 그 여자가 우리 뒤에서 소리를 지르오니 그를 보내소서 ²⁴ 예수께서 대답하여 이르시되 나는 이스라엘 집의 잃어버린 양 외에는 다른 데로 보내심을 받지 아니하였노라 하시니 ²⁵ 여자가 와서 예수께 절하며 이르되 주여 저를 도우소서 ²⁶ 대답하여 이르시되 자녀의 떡을 취하여 개들에게 던짐이 마땅하지 아니하니라 ²⁷ 여자가 이르되 주여 옳소이다마는 개들도 제 주인의 상에서 떨어지는 부스러기를 먹나이다 하니 ²⁸ 이에 예수께서 대답하여 이르시되 여자여 네 믿음이 크도다 네 소원대로 되리라 하시니 그때로부터 그의 딸이 나으니라

마 15:21-28

CHAPTER 3

은혜받는 믿음은
어떤 믿음인가?

믿음이 강하다는 것은 무슨 뜻일까요? 많은 사람이 믿음이 좋다, 신 앙심이 깊다는 말을 오해하는 게 아닐까 싶을 때가 있습니다. 흔히 봉 사하고 예배에 참여하고 교회에서 주관하는 온갖 프로그램에 참석하는 것을 두고 믿음 좋다고 하는 것을 봅니다. 물론 교회생활을 열심히 하 는 사람들은 믿음도 좋습니다. 그러나 개중에는 믿음은 없고 교회생활 만 있는 사람들이 종종 있습니다. 하나님과 전혀 친밀하지 않은 종교생 활자가 있는 것입니다.

한편으로, 원하는 바를 간구해서 응답받는 것을 믿음 좋은 것으로 오 해하는 것을 봅니다. 그런데 사실 이런 믿음은 누군가의 표현을 빌리면 자칫 독이 든 믿음일 수 있습니다. 하나님은 우리의 필요를 공급하시고 우리의 문제를 해결하시는 분입니다. 당연히 우리는 우리 아버지께 필요를 공급받고 문제를 해결받아야 합니다.

그런데 그것만 있다면 그 믿음은 독이 될 수 있습니다. 자녀가 어릴 때는 하나부터 열까지 일일이 손을 봐줘야 합니다. 그러나 자녀가 자라면서 차츰 부모가 손을 놓게 됩니다. 이것이 정상적인 양육입니다. 그런데 만일 자녀가 자라도 계속 부모가 일일이 손봐 줘야 한다면 자녀는 건강한 사회의 일원으로 성장할 수 없습니다. 이 경우 부모의 보호는 자녀에겐 독이 됩니다. 마찬가지로 우리 신앙도 성장해야 하고 성장한 만큼 하나님의 자녀로 바로 서야 합니다. 계속해서 성장하지 않는 믿음은 종교 중독(religion addiction)에 걸린 상태입니다. 그 믿음에 하나님은 없고 하나님이 주시는 축복에만 중독된 상태이지요.

바른 믿음은 시간이 흐를수록 더 온전해지고 더 순수해지고 더 강해져야 합니다. 믿음에 시간이 더해지면 위대한 하나님의 능력이 나타나고, 하나님의 영광이 나타나고, 공동체가 화목해지고 사랑이 풍성해져야 합니다.

그런데 어떤 사람들은 믿음에 시간을 더하면 믿음에 독을 품거나 고집부리는 믿음이 되거나 하는 것을 봅니다. 이런 사람들이 교회에 많아지면 교회가 갈등과 분열의 늪에 빠지게 됩니다. 왜 그렇습니까? 하나님의 은혜를 은혜 되게 하지 못하기 때문입니다.

예수님께 칭찬받은 이방인

마태복음 15장에서 예수님은 "네 믿음이 크도다" 하셨습니다.

마태복음에는 '네 믿음이 크다'는 칭찬을 받은 두 사람이 나옵니다. 한 사람은 자기의 종을 치료해 달라고 찾아온 백부장이었습니다. 백부장이 "주여 내 집에 들어오심을 나는 감당하지 못하겠사오니 다만 말씀으로만 하옵소서 그러면 내 하인이 낫겠사옵나이다 나도 남의 수하에 있는 사람이요 내 아래에도 군사가 있으니 이더러 가라 하면 가고 저더러 오라 하면 오고 내 종더러 이것을 하라 하면 하나이다"(마 8:8-9) 하고 말하자 예수님은 "내가 진실로 너희에게 이르노니 이스라엘 중 아무에게서도 이만한 믿음을 보지 못하였노라"(마 8:10)고 극찬하셨습니다.

그리고 본문의 가나안 여인이 '네 믿음이 크다'는 칭찬을 받았습니다. 복음서를 통틀어 예수님으로부터 '네 믿음이 크다'는 칭찬을 받은 사람은 극히 드뭅니다. 예수님이 칭찬에 인색하셨기 때문이 아니라, 그만큼 참된 믿음이 드물었기 때문입니다.

백부장과 가나안 여인의 공통점이 무엇입니까? 바로 둘 다 이방인이라는 사실입니다. 그런데 공교롭게도 마태복음은 누구를 대상으로 씌어진 책입니까? 마태복음은 유대인을 위해 씌어진 책입니다. 하지만 예수님으로부터 칭찬 들은 사람은 이방인뿐이었습니다. 유대인들은 이를 통해 책망하시는 하나님의 음성을 들을 수 있었을 것입니다.

마태복음 14장을 보면, 오히려 '믿음이 적다'고 책망받은 사람이 있습니다. 바로 베드로입니다. 거친 풍랑을 뚫고 물 위를 걸어오시는 예수님을 보고 베드로는 이렇게 말합니다. "만일 주님이시거든 나를 명하사 물 위로 오라 하소서"(마 14:28). 베드로는 왜 "만일 주님이시거든"이라고 말했을까요? 주님인지 아닌지 모르겠다는 겁니다. 다시 말해 믿지 못하겠다는 말입니다. 그래서 나에게 물 위를 걷는 기적을 보여 주시면 주님임을 믿겠다고 말하는 겁니다. 기적을 바라는 믿음은 적은 믿음입니다. 그래서 예수님은 "너는 나를 본고로 믿느냐 보지 못하고 믿는 자들은 복되도다"(요 20:29)라고 말씀하셨습니다.

베드로는 예수님의 명령에 따라 과감히 물 위로 발을 내밀었습니다. 베드로는 가라면 가고 오라면 오는 강직한 사람이었습니다. 아마 나라면 베드로처럼 용감하게 발을 내밀지도 못했을 것입니다. 벌써 풍랑에 질려 버렸을 것입니다. 어쨌든 베드로는 용감하게 발을 내밀었으나 거친 바람을 보고 두려워서 물에 빠지고 말았습니다. 이때 예수님이 베드로를 건지시며 "믿음이 작은 자여 왜 의심하였느냐"고 말씀하셨습니다.

성경을 보면, 여자가 남자보다 믿음이 더 큰 것을 봅니다. 남자는 시장에서 물건을 살 때는 잘 따지지 않으면서 믿음에서는 잘 따집니다. 반면에 여자는 시장에 가면 꼬치꼬치 잘 따지지만 믿음에서는 따지지 않고 잘 믿습니다. 그래서 십자가에 달린 예수님 곁을 끝까지 지킨 것도 여자들이고, 무덤을 찾은 것도 여자들입니다. 오늘날도 여자 크리스천이 남자 크리스천보다 훨씬 많습니다.

예수님의 침묵

본문에서 가나안 여인이 예수님을 어떻게 만나게 되었습니까? 예수님이 두로와 시돈 지방으로 지나가실 때 여인이 소문을 듣고 찾아와서 만났습니다. 여인이 들은 소문은 무엇입니까?

다윗의 자손인 예수란 사람이 많은 질병을 고치고, 귀신을 내쫓고, 눈먼 자를 보게 한다는 소문이었습니다. 왜 예수님을 찾아왔습니까? 여인의 딸이 흉악한 귀신에 들렸기 때문입니다.

자녀가 병에 걸렸을 때 어머니는 좋다는 것은 다해 보고 싶습니다. 병이 나을 수만 있다면 전국 각지를 돌아다니며 명약을 찾고 싶습니다. 여인도 흉악한 귀신에 붙들린 딸을 위해 그동안 할 수 있는 모든 것을 다해 보았을 것입니다. 그러나 병은 낫지 않았고, 이제 절박한 심정으로 예수님을 찾아온 것입니다.

그런데 사실은 예수님이 여인을 찾아오신 것입니다. 굳이 예수님은 두로와 시돈 지방까지 가야 할 이유가 없었습니다. 여인을 만난 뒤 예수님은 곧바로 갈릴리 지방으로 가셨거든요. 여인은 자신이 예수님을 찾았다고 생각했겠지만 사실은 예수님이 여인을 찾은 것입니다.

여인이 예수님을 보자마자 급하게 부르짖습니다.

"주 다윗의 자손이여 나를 불쌍히 여기소서 내 딸이 흉악하게 귀신 들렸나이다"(마 15:22).

그런데 예수님의 반응이 참으로 놀랍습니다. 예수님은 눈먼 자를 고치시고 베데스다 연못가에서 38년 된 병자를 일으켜 주셨습니다. 사실 베데스다 연못가에 있던 병자는 38년의 세월이 흐르면서 이미 낫고자 하는 의지를 상실한 상태였습니다. 그런데도 예수님은 굳이 그를 찾아가 "네가 낫고자 하느냐?" 물으신 뒤 그를 일으켜 주셨습니다. 병에서 벗어나기를 소원하지도 않는 절망을 보시고 그에게 희망을 주시고 싶어 하셨습니다.

그런데 이렇게 절박한 심정으로 달려온 여인에게는 냉랭하기 그지없습니다. 처음 반응은 무관심이었습니다. 예수님은 부르짖는 여인의 소리를 듣지 못한 척하셨습니다.

"예수는 한 말씀도 대답하지 아니하시니"(마 15:23).

눈먼 자에게는 실로암 못에 가서 씻으라 하시고, 38년 된 병자에게는 먼저 말을 거시던 예수님이 이 여인에게만은 지나치게 냉랭하게 구십니다. 지금까지 병자를 향한 예수님의 행동과는 너무나 거리가 멉니다.

우리가 간절히 간구했으나 하나님은 침묵하실 때가 있습니다. 아무 대답도 하시지 않을 때가 있습니다. "기다려라"는 말씀이라도 해주시면 좋으련만 그마저도 하시지 않습니다. 그럴 때 우리는 '하나님이 내게 주실 은혜가 없는 건가?' 하며 절망합니다. 다른 사람들의 기도에는 곧잘 응답하시는 하나님이 왜 나한테만 침묵하시는지 도무지 이해할 수 없습니다.

그러나 기억하십시오. 하나님의 은혜는 마르지 않습니다. 하나님의 침묵은 우리가 생각하고 기대하는 것보다 더 큰 은혜를 주기 위한 하나님의 계획임을 믿으시기 바랍니다.

예수님도 하나님의 침묵을 경험하셨습니다. 십자가에 달려 예수님이 "나의 하나님, 나의 하나님, 어찌하여 나를 버리셨나이까"라고 하셨을 때 하나님은 끝까지 침묵하셨습니다. 성자 예수님을 향한 아버지의 사랑이 메말라서 침묵하셨습니까? 아닙니다. 하나님이 그 순간 침묵하셨기에 우리가 구원받을 수 있었습니다. 하나님의 침묵은 은혜가 메마른 것이 아니라, 우리가 기대하지 못한, 상상하지 못한 은혜를 준비하시기 위한 것입니다.

구약과 신약 사이에도 하나님은 침묵하셨습니다. 그 긴 침묵기 동안 하나님은 무엇을 하고 계셨습니까? 주무셨습니까? 아무 일도 안 하고 쉬셨습니까? 하나님은 졸지도 주무시지도 않는다고 하셨습니다. 이 침묵기 동안 하나님은 새로운 일을 행하시고 새로운 은혜를 준비하셨습니다.

하나님이 우리의 기도에 곧바로 응답하시지 않더라도, 어쩌면 일평생 응답하시지 않더라도, 하나님의 은혜는 메마르지 아니하고 식지 않으심을 믿기 바랍니다. 이것을 믿는 믿음이 강한 믿음이요, 위대한 믿음이요, 큰 믿음입니다.

하나님은 때로 우리를 시험하기 위해 침묵하시기도 합니다. 하나님의 침묵에 반응하는 우리의 믿음을 보시는 겁니다.

하나님은 때로 일부러 침묵하시기도 합니다. 우리의 믿음이 하나님의 축복만 바라는 독이 든 믿음이 되지 않기 위해서입니다.

그러므로 하나님의 침묵은 은혜가 부족해서가 아니라 은혜를 더 크게 주시려고 기다리시는 것입니다. 우리의 믿음을 위대한 믿음으로 성장시키기 위해 기다리시는 것입니다. 은혜가 은혜 되게 하기 위해 침묵하시는 것입니다.

예수님의 침묵에 여인은 어떻게 반응하고 있습니까? 포기하지 않고 계속해서 예수님께 매달렸습니다. "불쌍히 여겨 주십시오. 내 딸을 살려 주십시오."

예수님이 여인을 시험하기 위해 침묵하셨다면 여인은 시험을 통과했습니다. 예수님이 일부러 침묵하신 것이라면 여인은 이미 위대한 믿음을 소유하고 있었습니다.

예수님의 거절

옆에 있던 제자들도 예수님의 반응은 너무 이상했습니다. 예수님은 길을 가다가도 만나 주시고 일부러 찾아가 만나 주시던 분이 아닙니까? 그런데 이 여인에게는 어째서 대답 한마디 안 해 주시는 겁니까? 그래서 제자들이 나섭니다.

"그 여자가 우리 뒤에서 소리를 지르오니 그를 보내소서"(마 15:23).

그러자 예수님이 이번에도 뜻밖의 대답을 하십니다.

"나는 이스라엘 집의 잃어버린 양 외에는 다른 데로 보내심을 받지 아니하였노라"(마 15:24).

첫 번째 예수님의 대답이 침묵이었다면, 두 번째 예수님의 응답은 거절이었습니다. 거절의 이유가 무엇입니까? 이스라엘의 양들에게 보냄을 받았기 때문에, 아직 이스라엘이 다 구원받지 못했기 때문에, 너를 구원할 수 없다는 것입니다.

그런데 이 말씀은 침묵보다 더 심각합니다. 인종차별주의적인 발언이기 때문입니다. 그러나 예수님이 인종차별주의자가 아니라는 것은 성경의 여러 곳에서 목격됩니다. 가버나움에서 백부장의 간청을 들어주셨고, 이방 땅을 두루 다니시며 복음을 전하셨으며, 나중에 부활하신 뒤 땅끝까지 이르러 이방인에게 복음을 전하라고 부탁하셨습니다.

그렇다면 예수님의 말씀은 무슨 뜻입니까? 하나님이 계획하신 구원의 순서를 말씀하고 있습니다. 제사장 나라로 택함 받은 이스라엘이 구원을 받은 뒤 그 이스라엘을 통해 다른 민족이 구원받는 것이 순서라는 것입니다. 하나님은 그래서 처음에 선택받은 자들이 버림받은 채 이방인에게 복음이 전해지는 것을 안타까워하셨습니다. 사도 바울이 로마서에서 한 고백이 하나님의 마음입니다.

"나의 형제 곧 골육의 친척을 위하여 내 자신이 저주를 받아 그리스도에게서 끊어질지라도 원하는 바로라"(롬 9:3).

예수님은 지금 구원 계획의 일반적인 순서를 말씀하시고 있습니다. 예수님은 종종 이방 땅에 찾아가 복음을 전하셨지만 그 주된 사역은 이스라엘이었습니다. 그러나 예수님의 말씀은 예수님의 사역을 설명한 것이지만, 그럼에도 여인에게는 거절의 말씀이었습니다.

이쯤 되면 여인도 화가 날 법합니다. 그러나 여인은 이대로 물러서지 않습니다. 이렇듯 하나님의 침묵과 거절 속에서 우리 신앙의 현주소가 명명백백 드러나는 것을 봅니다. 많은 사람들은 하나님이 침묵하시는 걸 못 견뎌 합니다. 더구나 거절하셨다면 분을 내며 원망하고 불평합니다. 상처받았기 때문입니다. 상처받으면 분이 일어나서 기도하기도 싫습니다. 심지어 하나님을 떠나 버릴 수도 있습니다. 하나님의 은혜를 불신하고 높여 드리지 못하는 나 중심의 신앙이 드러나는 것입니다.

그러나 여인은 어떻습니까? 여인의 깊고 강한 신앙이 여기서 면모를 드러냅니다. 여인은 더 크게 부르짖지 않았습니다. 오히려 예수님께 순응하고 있습니다. 예수님을 존중하고 있습니다. 화가 나서 분이 날 만한 상황에서 오히려 예수님께 공손히 절하며 도와달라 간청합니다.

"주여 저를 도우소서"(마 15:25).

여인은 최대한 자신을 낮췄습니다. 예수님이 은혜 주시는 분임을 믿어 의심하지 않았습니다. 그런데 예수님의 세 번째 반응은 더 놀랍습니다.

"자녀의 떡을 취하여 개들에게 던짐이 마땅하지 아니하니라"(마 15:26).

역시 거절입니다. 그런데 아까보다 더 강도가 세졌습니다. 과연 지금 말씀하시는 분이 예수님이 맞나 싶을 만큼 가혹하십니다.

그런데 여기서 '개'란 누구를 말합니까? 이방인을 말합니다. 당시에 유대인들은 이방인을 '개'라고 불렀던 것입니다. 그러므로 예수님이 욕하셨다고 오해하면 안 됩니다. 그럼에도 예수님의 말씀은 아무리 생각해도 심하십니다. 나라면 벌써 보따리 싸고 떠났습니다. "아무리 유대인들이 이방인을 '개'라고 부른다 해도 어떻게 예수님이 나더러 '개'라고 하십니까?" 하고 따졌을 것입니다. 그리고 화가 나서 "자녀들이나 많이 먹이고 잘사세요" 하고 비아냥거리며 돌아섰을 것입니다.

예수님을 감동시킨 여인의 믿음

그런데 여인은 뭐라고 대답하고 있습니까?

"주여 옳소이다마는 개들도 제 주인의 상에서 떨어지는 부스러기를 먹나이다"(마 15:27).

정말 놀랍지 않습니까? 나는 여인이 "옳습니다"라고 대답했을 때 예수님이 슬며시 웃으셨을 것 같습니다. 그리고 "개들도 제 주인의 상에서 떨어지는 부스러기를 먹습니다" 했을 때는 입을 벌려 허허 웃으셨을 것 같습니다. 왜 그렇습니까? 예수님을 감동시켰기 때문입니다.

"옳습니다"라고 한 여인의 대답은 무엇을 의미할까요?

"침묵하셔도 예수님이 옳습니다. 거절하셔도 예수님이 옳습니다. 예수님이 하신 말씀에 아무것도 틀린 것이 없습니다. 이스라엘의 잃어버린 양들에게 먼저 부름을 받으신 것도 맞습니다. 자녀들의 떡을 개들에게 줌이 마땅치 않다는 것도 맞습니다. 그리고 설사 예수님이 나의 간청을 들어주지 않으셔도 예수님이 옳으십니다."

여인의 대답에는 이런 놀라운 고백이 담겨 있습니다. 하나님의 은혜가 은혜 되게 하는 고백입니다.

은혜가 은혜 되려면 은혜를 줄 의무가 없는 자가 주어야 합니다. 주어야 할 의무가 없는 분이 아무런 조건 없이 주는 것이 은혜입니다. 은혜 갚을 능력도 없고 자격도 없는 자에게 아무 조건 없이 주는 것이 은혜입니다. 여인은 지금 이런 은혜를 고백하고 있는 것입니다.

당신은 하나님의 은혜가 무엇이라고 생각합니까? 혹시 당신이 내민 청구서에 묻지도 따지지도 않고 바로 사인해 주시는 것이 은혜라 생각하지 않습니까? 여러 번 청구서를 내밀어서 응답받기보다 한 번 내밀어서 바로 응답받는 것이 더 큰 은혜라고 생각하지 않습니까? 더구나 거절하시면 그건 은혜가 아니라고 생각하지 않습니까? 거절하시고 또 거절하시면 '하나님은 은혜로운 분이 아니야' 하지 않습니까?

그러나 하나님은 우리 기도에 응답하시지 않아도 거절하셔도 옳으신 분입니다. 여전히 의로우신 분이고 선하신 분입니다. 내 기도에 응답하시지 않는다고 "하나님은 틀렸습니다! 하나님은 죽었습니다!" 한다면 그것은 독이 든 믿음이요, 중독된 종교입니다. 이런 믿음으로는 하나님의 은혜를 절대로 발견할 수 없습니다.

응답하시지 않아도 거절하셔도 하나님의 은혜를 믿고 발견하는 것이 참된 믿음입니다.

여인은 더 나아가 자신을 주인의 상에서 부스러기를 먹는 개라고 고백하고 있습니다. 참으로 놀라운 여인입니다.

"주님, 저는 주인의 자녀들이 먹는 밥까지 바라지는 않습니다. 다만 그 부스러기라도 주십시오. 저는 그것으로 충분합니다. 그 부스러기로라도 제 딸은 살아날 것입니다."

이 말에 예수님이 깊이 감동하셨습니다.

부스러기만으로도 족하다는 여인의 고백 속에 얼마나 위대한 겸손이 숨어 있습니까? 그리고 이 여인의 고백이 하나님의 능력을 얼마나 높여 드리고 있습니까?

앞에서 나는 예수님이 이 여인을 만나러 시돈과 두로 지방을 가셨다고 했습니다. 그렇다면 예수님은 왜 침묵하고 거절하면서까지 여인을 도발하셨을까요?

예수님은 이미 이 여인에게 이토록 큰 믿음이 있음을 알고 있었습니다. 여인의 겸손한 믿음, 진정한 믿음, 하나님의 은혜를 은혜 되게 하는 믿음을 드러내 보이시기 위해 예수님은 침묵하시고 거절하셨던 것입니다.

강한 믿음이 무엇입니까? 나의 간구에 침묵하셔도 거절하셔도 심지어 모욕을 주셔도 하나님이 옳다고 고백하는 믿음이 강한 믿음입니다. 하나님 은혜의 부스러기라도 충분하다고, 그것으로도 나와 가족이 변화될 것이라고 하나님의 능력을 인정하고 믿는 것이 강한 믿음입니다. 그럼으로써 하나님의 은혜를 은혜 되게 하는 믿음이 강한 믿음입니다.

예수님은 여인의 강한 믿음을 보시고 이렇게 말씀하셨습니다.

"여자여 네 믿음이 크도다 네 소원대로 되리라"(마 15:28).

여인은 결국 예수님의 마음을 흡족하게 해주었습니다. 그리고 "믿음이 크다"는 예수님의 칭찬을 듣게 되었습니다.

강한 믿음은 무엇입니까? 하나님의 마음을 흡족하게 해드리는 믿음입니다. 하나님으로부터 "믿음이 크다"고 칭찬을 받는 믿음입니다.

이제 나 중심의 믿음, 하나님의 뜻을 내 뜻에 맞추려는 믿음을 버리십시오. 하나님과 상관없는 봉사를 하고, 예배를 드리고, 교회의 행사에 참석하고는 믿음 있는 척하지 마십시오. 간구하는 대로 바로 응답받는 것을 은혜라 착각하지 마십시오. 은혜에 중독된 종교생활자가 되지 마십시오. 다만 부스러기 은혜라도 족하다는 낮은 마음으로, 주님만이 옳다는 순응의 마음으로 큰 믿음을 소유하시기 바랍니다.

¹ 모든 세리와 죄인들이 말씀을 들으러 가까이 나아오니 ² 바리새인과 서기관들이 수군거려 이르되 이 사람이 죄인을 영접하고 음식을 같이 먹는다 하더라 ³ 예수께서 그들에게 이 비유로 이르시되 ⁴ 너희 중에 어떤 사람이 양 백 마리가 있는데 그중의 하나를 잃으면 아흔아홉 마리를 들에 두고 그 잃은 것을 찾아내기까지 찾아다니지 아니하겠느냐 ⁵ 또 찾아낸즉 즐거워 어깨에 메고 ⁶ 집에 와서 그 벗과 이웃을 불러 모으고 말하되 나와 함께 즐기자 나의 잃은 양을 찾아내었노라 하리라 ⁷ 내가 너희에게 이르노니 이와 같이 죄인 한 사람이 회개하면 하늘에서는 회개할 것 없는 의인 아흔아홉으로 말미암아 기뻐하는 것보다 더하리라

눅 15:1–7

CHAPTER 4

우리는 왜
놀라운 은혜의 기쁨을 잊었는가?

    예수님 당시 종교 지도자들의 눈에 비친 예수님의 모습은 무척 당황스러웠습니다. 시간이 흐를수록 당황을 넘어서 서서히 분노하기 시작했습니다. 예수님의 말씀은 모두 진실이었으나 그것이 그들의 숨은 죄악을 드러냈기 때문입니다.

    또 어떤 사람들은 예수님을 질투하기 시작했습니다. 수많은 백성의 입에 예수님의 이름이 오르내리면서 예수님을 따르는 사람들이 많아지자 인기를 좇는 지도자들이 예수님을 질투한 것입니다.

    이들 두 부류는 의기투합하여 예수님을 비난하고 정죄할 거리를 찾기 시작했습니다. 그러나 그들은 아무것도 찾지 못했습니다. 예수님은 그저 사람들을 가르치고 먹이고 고치셨기 때문입니다. 모두 선한 일들뿐이었습니다.

때론 신학적으로, 때론 종교적으로 흠잡으려고 사람들을 예수님께 보내 봤지만 모두 예수님과 대화를 나누는 사이 자기모순에 빠져 버렸습니다. 그들의 공격은 오히려 예수님이 얼마나 진실한 분인가를 드러낼 뿐이었습니다.

그러던 어느 날 그들은 드디어 예수님에게서 흠을 찾아냈습니다. '죄인'으로 분류된 사람들과 예수님이 함께 식사를 하며 어울린 것입니다. 당시에 종교 지도자들은 한 무리의 사람들을 '죄인'으로 분류한 다음, 자신은 물론 백성에게까지 그들과 상종하지 말 것을 가르쳤습니다.

누가복음 5장, 요한복음 12장 등 복음서 곳곳에서 죄인들과 함께 잔치에 참석하신 예수님의 모습이 발견됩니다. 세리 마태가 예수님을 위해 친구들을 불러 베푼 잔치에도 참석하셨고, 베다니에 있는 나사로와 마리아와 마르다가 예수님을 위해 베푼 잔치에도 참석하셨습니다. 종교 지도자들은 예수님께 '먹기를 탐하는 자'라고 불렀습니다. 누가복음에서는 그들이 예수님을 향해 이런 비난을 합니다.

"바리새인과 서기관들이 수군거려 이르되 이 사람이 죄인을 영접하고 음식을 같이 먹는다 하더라"(눅 15:2),

예수님이 죄인들을 맞아들여 그들과 함께 음식을 먹은 것 때문에 종교 지도자들이 웅성거렸다는 것입니다. 그들이 이렇게 웅성거린 이유는, 예수님이 하지 말아야 할 일을 했기 때문입니다. 죄인들과 함께 음식을 먹는 일은 그만큼 당시 종교 지도자들에게는 도저히 용납할 수 없는 일이었던 것입니다.

그런데 예수님이 정말 먹기를 탐해서, 자신의 욕망을 채우기 위해서 잔치에 참석하셨을까요?

종교 지도자들이 '죄인'이라고 분류한 사람들 중에는 분명 도덕적으로 문제가 있는 사람도 있었습니다. 그러나 개중에는 지나치게 율법적으로 해석해서 죄인 취급을 당하는 사람들도 많았습니다. 또는 시대적인 상황 때문에 죄인이 된 사람도 있었습니다. 그러나 진짜 죄인이든 아니든 하나님 보시기에 모든 영혼은 귀하고 소중합니다. 예수님은 이토록 귀한 영혼을 구원하기 원하셨고, 구원받은 자들과 함께 축복을 나누기 원하셨습니다.

구약성경을 보면 여러 절기가 소개되어 있는데, 유대인들은 각 절기마다 대개 잔치를 열어 이웃과 음식을 나누었습니다. 성경시대에 유대인들이 음식을 함께 먹는다는 것은 단지 배고픔을 해결하는 것이 아니라 서로 교제를 나누는 것을 의미합니다. 다시 말해 친구로서 연합한다는 것을 의미합니다. 그런 의미에서 요한계시록 3장 20절의 말씀은 매우 의미가 있습니다.

"볼지어다 내가 문 밖에 서서 두드리노니 누구든지 내 음성을 듣고 문을 열면 내가 그에게로 들어가 그와 더불어 먹고 그는 나와 더불어 먹으리라."

"볼지어다" 하고 부르신 뒤에 싱거워 보이게 먹는 얘기가 나옵니다. 그러나 "내가 들어가서 그와 함께 먹고 그는 나와 함께 먹을 것"이라는 것은 육체적인 배고픔을 해결하는 식사를 하겠다는 의미가 아닙니다. 우리가 마음 문을 열 때 하나님과 우리가 하나 되는 연합의 교제를 의미합니다.

유대인들은 죄인이라고 불리던 사람들과 심지어 이방인들하고도 함께 식사하는 것을 엄격히 금지했습니다. 함께 식사할 수 있는 사람과 식사할 수 없는 사람을 엄격하게 구분한 것입니다. 이 구별을 지키지 않으면 심각한 죄를 지은 것으로 간주했습니다.

그런데 예수님은 지금 유대인들의 이 엄격한 구별을 허물고 계십니다. 바리새인을 비롯한 종교 지도자들의 눈에는 이보다 더 심각한 죄도 없습니다. 그런 까닭에 그들은 이것을 문제 삼고자 했습니다. 만일 오늘날 우리가 스스로 식사 자리를 구별해서 '나는 저 사람과 다르기 때문에 식사할 수 없다'고 한다면 우리는 21세기 바리새인의 자리에 앉아 있는 것입니다.

구약 시대에는 제물을 어떻게 처리하느냐에 따라 다섯 가지 제사

방법이 있었습니다. 그중에 번제와 소제는 제물을 완전히 불에 태워 없애는 제사입니다. 하나님을 향한 온전한 헌신을 의미합니다. 나는 이 제사 방법을 '국물도 없는 제사'라고 부르곤 합니다. 먹을 게 하나도 없이 완전히 불태워 버리기 때문입니다. 헌신의 제사는 나에게 돌아올 몫을 기대하면 안 됩니다. 뭔가를 기대한다면 그것은 헌신이 아니기 때문입니다.

반면에 화목제는 예물을 드림으로 죄를 용서받은 당사자가 하나님과 제사장과 함께 그 기쁨을 함께 나누는 제사입니다. 화목제를 영어로는 'fellowship offering'(교제의 제사), 또는 'joy offering'(기쁨의 제사)이라고 표현합니다. 왜 '기쁨의 제사'라고 할까요? 먹을 게 있기 때문입니다. 다시 말해 식탁의 교제가 있는 제사인 것입니다.

예수님이 당시 죄인으로 분류된 사람들과 함께 식사를 하신 것은, 예수님이 화목제물이 되심으로 그들이 얻게 된 구원의 기쁨에 참예하신 것입니다. 다시 말해 기쁨의 제사에 참예하신 것입니다. 유대 종교 지도자들 눈에는 심각한 죄인 이 식탁 교제가 예수님 눈에는 기쁨의 제사였던 것입니다.

잃어버린 한 사람을 찾고 또 찾고

죄인들과 식탁 교제를 나누는 예수님을 비난한 종교 지도자들에게 예수님은 그 유명한 세 가지 비유를 들어 그들의 문제를 지적하십니다.

첫 번째 비유는 100마리의 양을 버려두고 잃어버린 양 한 마리를 찾아나서는 목자 이야기입니다. 목자는 결국 양 한 마리를 찾아 어깨에 메고 돌아와 이웃들과 함께 양을 다시 찾은 기쁨을 나눕니다.

두 번째 비유는 열 드라크마를 가진 어느 여인이 집 안에서 한 드라크마를 잃어버린 이야기입니다. 여인은 집을 샅샅이 뒤져서 잃어버린 드라크마를 찾은 뒤 그 기쁨을 이웃들과 함께 나눕니다.

세 번째 비유는 두 아들을 가진 아버지의 이야기입니다. 작은아들은 아버지의 유산을 받아 챙겨서 집을 떠나서는 허랑방탕하게 가진 소유를 다 탕진해 버립니다. 마침내 돼지가 먹는 쥐엄나무 열매를 먹는 지경에까지 이르러서야 아버지께로 돌아갑니다. 아버지는 잃어버린 아들이 돌아왔다는 사실에 감격해서 잔치를 열어 이웃들과 함께 그 기쁨을 나눕니다.

이 세 가지 비유에 등장하는 인물은 다 다르지만 세 가지 공통점이 있습니다.

첫째, 뭔가 소중한 것을 잃어버렸다는 것입니다. 목자에게는 양이 너무나 소중했고, 여인에게는 한 드라크마가 너무나 소중했고, 아버지에게는 아들이 너무나 소중했습니다. 이렇게 소중한 것을 잃어버린 것입니다.

잃어버렸다는 것은 무슨 뜻입니까? 존재가 사라졌다는 뜻이 아닙니다. 내가 잃어버린 물건이 분명히 어딘가에 존재하지만 지금은 내 주머니에 있지 않은 상태입니다. 주인이 바뀌었다는 의미입니다.

사람들은 내가 존재하면 문제가 없다고 생각합니다. 그런데 존재한다고 해서 문제가 없는 것이 아닙니다. 소속이 잘못되어 있을 때, 주인이 바뀌어 있을 때 잃어버린 상태에 있는 것입니다. 하나님께 속해야 할 인간이 하나님께 속해 있지 않을 때 잃어버린 상태입니다. 모든 인간은 잃어버린 상태로 태어납니다.

하나님은 전 인류를 한꺼번에 취급하지 않으시고, 잃어버린 한 사람 한 사람으로 대하십니다. 한 마리의 양을 잃어버렸고, 한 드라크마를 잃어버렸고, 한 아들을 잃어버렸습니다. 그런데 이들은 모두 주인이 일부러 버려서 잃어버린 것이 아닙니다. 스스로 무리를 떠나 멀리멀리 가서 잃어버렸습니다. 하나님은 우리를 잃어버린 한 마리 양, 한 아들로 대하십니다. 우리에게 가치 있는 뭔가가 있어서 찾으시는 게 아닙니다. 하나님은 스스로 이탈했든, 무리에서 소외되어서 이탈했든 버려진 한 사람을 끔찍이 사랑하셔서 찾고 또 찾으십니다.

당신은 주변 사람들을 하나님의 이 같은 마음으로 바라보고 있습니까? 유대 지도자들은 세리와 죄인들을 애써 찾을 필요가 없는 사람이라고 여겼습니다. 무가치한 사람이라고 여겼습니다. 세상 사람들도 소중히 여길 사람과 소중히 여길 필요가 없는 사람, 가치 있는 사람과 가치가 없는 사람으로 분류하기를 좋아합니다.

그러나 하나님께는 한 마리의 잃어버린 양, 잃어버린 한 드라크마, 잃어버린 한 아들이 너무나 소중합니다. 하나님은 모든 사람을 사랑하시되 한 영혼 한 영혼을 사랑하십니다. 그런데 당시 유대인들은 세상 사람들처럼 분류하고 그것을 서로 강요하고 그렇지 않으면 심각한 죄로 여겼습니다. 예수님은 이 세 가지 비유를 통해 하나님의 이 같은 마음을 가르치고자 하신 것입니다.

둘째, 잃어버린 것이 소중한 만큼 찾게 되어 있다는 것입니다. 그 잃어버린 것의 가치만큼 찾게 되어 있습니다.

목자에게는 한 마리의 양이 너무나 소중했기에 99마리를 들에 두고 한 마리를 찾아 나섰습니다. 양은 스스로 뛰쳐나갈 수 없는 동물입니다. 아마도 어디선가 발을 헛디뎌 굴렀을 것입니다. 당시는 대개 구릉 지역에서 양을 쳤으므로 발을 잘못 디디면 떼굴떼굴 구르게 되어 있습니다.

《양과 목자》는 필립 켈러가 직접 양을 치면서 시편 23편을 묵상한 글입니다. 필립 켈러는 이 책에서 다리가 짧은 양은 구르다 보면 대개 네 발이 하늘을 향해 서게 된다고 했습니다. 그런데 양은 이렇게 하늘을 향해 누워 버리면 누군가 뒤집어 주지 않는 한 스스로 일어설 수 없다고 합니다. 그리고 그 상태로 계속 누워 있으면 시간이 흐를수록 가

스가 차올라 죽게 되든지, 아니면 들짐승의 먹이가 되고 맙니다. 그러므로 잃어버린 양 한 마리는 지금 매우 심각한 상태에 있는 것입니다. 목자는 이 잃어버린 양 한 마리를 찾고 또 찾습니다. 그리고 마침내 어깨에 메고 돌아왔습니다.

열 드라크마를 가진 여인의 비유는 두 가지로 해석할 수 있습니다. 생계를 위해 필요하기 때문에 드라크마가 가치 있다는 해석이 있는가 하면, 당시 열 드라크마는 여인들의 패키지 같은 패물이어서 한 드라크마가 없으면 나머지 아홉 드라크마도 무용지물이 되기 때문에 가치 있다는 해석도 있습니다. 어떤 것이든지 여인은 한 드라크마를 찾을 때까지 찾았습니다.

아버지는 집 나간 아들이 돌아올 때까지 기다렸습니다. 물건이 아니기 때문에 찾는다고 찾아지는 것이 아닙니다. 아들이 어디로 갔는지 모르기 때문에 돌아올 때까지 기다렸습니다.

만일 택시에서 10원짜리 동전 하나를 잃어버렸다고 합시다. 그저 흔한 10원짜리 동전입니다. 이것을 찾기 위해 분주한 거리에서 택시를 세워 두고 찾고 또 찾는 사람은 아마 없을 것입니다. 그러나 만일 아주 비싼 반지를 택시에서 잃어버렸다면 어떨까요? 택시 몇 대를 사고도 남을 만큼 아주 고가의 반지입니다. 당연히 거리가 분주하건 말건 택시기사가 화를 내건 말건 찾을 때까지 찾고 또 찾을 것입니다. 내가 소중히 여기는 만큼 찾게 되어 있습니다.

놀이공원에서 어린 자녀를 잃어버린 어느 가족이 있다고 합시다. 방송을 하고 직원들을 동원하고 경찰까지 와서 공원을 샅샅이 뒤졌는데도 찾을 수가 없었습니다. 마침내 폐장 시간이 되었다는 안내 방송이 흘러나옵니다. 이때 남편이 아내에게 "여보, 이제 문도 닫았으니 집에 갔다가 내일 옵시다" 할 수 있습니까? 부모는 절대 그 자리를 떠날 수 없습니다. 찾을 때까지 찾고 또 찾을 수밖에 없습니다.

우리는 하나님이 찾고 또 찾는 소중한 존재입니다. 그래서 하나님은 생명이 다하는 날까지, 마지막 호흡이 남아 있는 그 순간까지도 잃어버린 영혼을 찾으십니다. 찾을 때까지 찾으시는 하나님입니다. 예수님은 십자가 위에서 마지막 호흡이 끊어지는 순간까지 잃어버린 강도의 영혼을 찾으셨습니다. 찾을 때까지 찾으셨습니다.

셋째, 잃어버린 것을 찾은 기쁨으로 이웃과 함께 잔치를 벌였습니다. 세 가지 비유는 모두 기쁨의 잔치로 끝나고 있습니다.

목자는 잃어버린 양을 찾고 너무 기뻐서 양을 어깨에 메고 돌아왔습니다. 양은 털이 너무 촘촘하게 나서 아무리 씻겨도 잘 씻기지 않거니와 냄새가 많이 나는 동물입니다. 그런 양을 어깨에 멨다는 것은 목자가 엄청난 냄새를 감수할 만큼 너무 기뻤다는 것을 의미합니다. 하나님도 우리를 다시 찾으셨을 때 세상에 빠져 있던 죄와 허물로 지독한 냄새를 풍기는 것에 개의치 않으십니다. 시궁창에 빠진 자녀를 잃어버렸다가 다시 찾았는데, 냄새난다고 좀 멀리 있으라고 할 부모가 어딨겠습니까? 냄새가 느껴지지 않습니다. 그냥 달려가서 안게 됩니다. 하나님은 우리에게서 나는 모든 죄와 허물의 냄새 때문에 우리를 거절하지 않으십니다.

그러나 당시에 종교 지도자들은 세리와 죄인들에게서 부도덕한 삶의 냄새가 난다고 그들을 거절했습니다. 그러나 예수님은 그 냄새가 냄새로 여겨지지 않으셨습니다. 그분은 하나님이셨기 때문입니다.

잃어버린 한 드라크마를 다시 찾은 여인도 이웃들과 기쁨의 잔치를 벌입니다.

이제 마지막 하이라이트인 탕자의 비유에서도 풍성한 잔치가 벌어집니다. 아버지는 작은아들이 아직 멀리 있을 때도 알아보고 달려가 아들을 껴안고 입을 맞추었습니다.

아들은 모든 것을 탕진하고 돼지가 먹는 쥐엄나무 열매를 먹을 때에야 정신이 돌아왔습니다. 유대인들은 돼지를 가장 부정한 동물로 여기는데 그 돼지가 먹는 열매를 먹었다는 것은 인간이기를 포기한 지경까지 갔음을 의미합니다. 대개 사람들은 거기까지 가야 정신을 차립니다. '내가 와서는 안 될 길을 왔구나' 하고 깨닫는 바로 그 지점에서 하나님을 기억해 냅니다.

그런데 아들은 아버지가 너무 보고 싶어서 집에 돌아온 것이 아닙니다. 아버지의 집이 얼마나 소중한지를 깨달아서 온 것도 아닙니다. 더이상 먹을 것이 없어서 돌아왔습니다. 우리도 하나님이 얼마나 위대하신지, 하나님이 얼마나 사랑이 많으신지, 하나님이 얼마나 좋으신 분인지를 깨달아서 돌아오지 않습니다. 너무 힘들어서, 너무 고달파서 돌아옵니다.

그러나 아버지는 아들이 배고파서 돌아왔든, 아버지가 보고 싶어서 돌아왔든 상관하지 않습니다. 아버지는 아들이 아직 멀리 있는데도 달려갔습니다. 이것은 이미 아들의 모든 허물을 용서하고 기다렸다는 뜻입니다. 아버지는 아들이 잘못을 인정하고 돌아왔기 때문에 맞아 준 것이 아니라 이미 맞을 준비를 하고 있었던 것입니다. 이 차이가 정말 중요합니다. 아버지는 아들이 회개하지 않았을 때도, 멀리 떠나 허랑방탕하게 살 때도 이미 용서하고 기다렸습니다. 이것이 은혜입니다.

복음이 무엇입니까? "내가 이미 용서하고 기다리고 있으니 돌아오라"입니다. 그러므로 우리가 세상에 들고 나갈 소식도 "회개하시오. 그러면 하나님이 받아들여 주실 것입니다. 회개하면 천국이 주어질 것입니다"가 아니라 "당신들을 위한 천국의 문이 열려 있으니 회개하고 돌아오십시오"여야 합니다. 이미 용서하고 기다리고 계신 아버지의 사랑을 먼저 전해야 하는 것입니다.

아버지는 아들을 어떻게 대했습니까? 제일 좋은 옷을 입히고, 신발을 신기고, 잔치를 베풀었습니다. "잃어버린 아들을 다시 찾았으니, 이 아들이 다시 살아났으니 내가 잔치를 벌이고 즐기는 것이 마땅하다. 기뻐하는 것이 마땅하다" 하며 이웃들과 기쁨을 나눴습니다.

왜 아버지의 기쁨에 함께 참여하지 못하는가?

그런데 여기서 두 아들의 문제를 자세히 살펴볼 필요가 있습니다. 중요한 점은 두 아들 모두 아버지가 베푼 잔치에 기쁨으로 참여하지 못했다는 것입니다. 먼저 작은아들은 왜 기뻐하지 못했습니까?

> "지금부터는 아버지의 아들이라 일컬음을 감당하지 못하겠나이다 나를 품꾼의 하나로 보소서… 아들이 이르되 아버지 내가 하늘과 아버지께 죄를 지었사오니 지금부터는 아버지의 아들이라 일컬음을 감당하지 못하겠나이다"(눅 15:19, 21).

작은아들은 지금 자신이 '자격'이 없다고 반복해서 말하고 있습니다. 이 아들은 죄책감 때문에 기뻐할 수 없었습니다. 자신은 아들이라고 불릴 자격조차 없는 사람이기 때문에 차라리 자신을 일꾼으로 삼는 게 좋겠다고 생각했습니다. 아들의 이 같은 반응은 어쩌면 당연해 보이지 않습니까? 아버지를 버리고 나가서 허랑방탕하게 재산을 탕진하고 돌아왔으니 면목이 없는 게 당연하지 않습니까? 그런데 이 아들의 모습에서 우리 자신을 발견할 수 있습니다. 잘못했으면 벌을 받아야 하고, 모든 일에는 대가가 필요하다는 생각 말입니다. 우리는 여전히 작은아들로서 하나님을 대하고 있는 것입니다.

하지만 아버지는 우리의 생각과 전혀 다릅니다. 아들의 행동이 선하면 아들이고 악하면 아들이 아니라고 생각하지 않습니다. 또 아들이 거지꼴로 돌아왔는데도 그동안 어떻게 살았냐고 묻지도 않습니다. 왜 집을 나가 재산을 탕진했냐고 꾸짖지도 않습니다. 다만 아들이 돌아왔다는 사실 하나로 충분히 기뻐서 잔치를 열고 있습니다.

은혜는 받을 자격이 없는 사람에게 베푸는 사랑이며 호의입니다. 그러므로 작은아들처럼 "나는 아들이라고 불릴 자격이 없다"고 말하는 것은 앞뒤가 맞지 않습니다. 아버지의 '은혜' 자체를 거부하는 발언이기 때문입니다. 아버지는 기쁨에 넘쳐서 잔치를 베푸는데, 아들은 '내가 선행을 쌓아서 아버지 앞에 설 자격을 얻어야지, 내가 밥 안 먹고 일주일 동안 시름시름 앓아서 죗값을 치러야지' 해서야 되겠습니까?

그렇게 하는 것이 죄 지은 자가 취해야 할 양식 있는 태도라고 생각할지 모르지만 아버지가 원하는 것은 그런 것이 아닙니다. 아버지가 원하는 것은, 아들이 제일 좋은 옷을 입고 신을 신고, 살찐 송아지를 먹으면서 함께 기뻐하는 것입니다. 아버지의 사랑을 인정하고 받아들이기를 원하는 것입니다.

한편, 큰아들은 작은아들보다 더 심각합니다. 큰아들은 집을 나가지는 않았지만 집 안에 있는 탕자였습니다. 하나님의 이름을 부르고 있지만 하나님을 떠난 잃어버린 영혼이었습니다. 이 비유의 대상은 바리새인과 서기관들이었습니다. 그들도 잃어버린 죄인과 함께 기쁨의 잔치를 여는 예수님을 비난했습니다.

큰아들의 문제는 무엇입니까? 큰아들도 아버지의 기쁨을 함께하지 못했습니다. 렘브란트는 〈탕자의 귀향〉이라는 그림에서 길목에 서서 분노하는 큰아들의 모습을 묘사했습니다. 대개 탕자 이야기를 그린 그림은 탕자를 주목하거나 아버지를 주목하는 것과 달리 렘브란트는 큰아들을 주목하고 있습니다. 정확한 발견입니다. 큰아들은 렘브란트의 그림에서처럼 어두운 뒷골목에서 잔치를 연 아버지를 원망하고 불평했습니다. 큰아들은 왜 잔치의 기쁨에 참여하지 못했습니까? 그가 쏟아낸 분노의 말을 한번 보십시오.

"아버지께 대답하여 이르되 내가 여러 해 아버지를 섬겨 명을 어김이 없거늘 내게는 염소 새끼라도 주어 나와 내 벗으로 즐기게 하신 일이 없더니 아버지의 살림을 창녀들과 함께 삼켜 버린 이 아들이 돌아오매 이를 위하여 살진 송아지를 잡으셨나이다"(눅 15:29-30).

작은아들이 "나는 자격이 없습니다"라고 한 것이 문제였다면, 큰아들은 "나는 자격이 넘칩니다"라고 한 것이 문제였습니다. 작은아들이 죄책감 때문에 하나님 아버지의 은혜를 그냥 받지 못한 것이 문제라면, 큰아들은 아버지의 은혜가 잘못되었다고 문제 삼고 있습니다. 베풀지 말아야 할 은혜는 없습니다. 잘못된 은혜도 없습니다. 은혜는 자격의 유무를 따지지 않고 효율을 따지지 않습니다. 큰아들은 더 나아가 스스로 아버지의 종이라고 여기고 있습니다. 아버지의 아들이라는 정체성이 실종된 상태입니다.

큰아들은 스스로를 종으로 여기고 있고, 작은아들은 아들이라 일컬음을 받지 못하겠다고 합니다. 둘 다 참된 아들로서의 정체성 없이 아버지의 은혜를 받아들이지 못하고 거절하고 있습니다. 그래서 아버지의 은혜를 누리지도 못하고 아버지의 기쁨에도 참여하지 못합니다.

당신은 오늘 하나님의 은혜로 인한 기쁨의 잔치에 참여하고 있습니까? 작은아들처럼 죄책감에 사로잡혀 있지는 않습니까? 아니면 큰아들처럼 나는 아무것도 받은 게 없다고 불평하고 있습니까? 지금 기쁨이 없습니까? 은혜에 대한 놀라운 고백이 흘러나오지 않습니까?

내 안에 기쁨이 없다면, 은혜에 대한 놀라운 고백이 없다면, 그 이유는 단 한 가지입니다. 아버지의 은혜를 받아들이지 않기 때문입니다. 그 은혜를 거절하기 때문입니다. 은혜는 겸손하게 받으면 됩니다. 내 힘과 내 능력과 나의 노력과 나의 의로 살아가려고 하기 때문에 내 안에 기쁨이 없는 것입니다. 내가 어떤 삶을 살았든지 간에 아버지의 은혜는 언제나 내게 향하고 있음을 잊지 마십시오.

우리는 누구나 어떤 삶을 살든 하나님의 은혜를 받을 만한 자격이 없습니다. 다만 오늘 나를 찾아서 기쁜 아버지의 잔치에 감격으로 참여할 수 있을 뿐입니다. 그러므로 큰아들처럼 아버지의 종으로도 살지 말고 작은아들처럼 자격 없으니 차라리 벌을 받겠다고도 하지 마십시오. 그저 베푸신 은혜에 기꺼이 참여해 기쁨을 누리십시오. 그것이 아버지 하나님께서 우리에게 원하시는 것입니다.

¹⁵ 우리는 본래 유대인이요 이방 죄인이 아니로되 ¹⁶ 사람이 의롭게 되는 것은 율법의 행위로 말미암음이 아니요 오직 예수 그리스도를 믿음으로 말미암는 줄 알므로 우리도 그리스도 예수를 믿나니 이는 우리가 율법의 행위로써가 아니고 그리스도를 믿음으로써 의롭다 함을 얻으려 함이라 율법의 행위로써는 의롭다 함을 얻을 육체가 없느니라 ¹⁷ 만일 우리가 그리스도 안에서 의롭게 되려 하다가 죄인으로 드러나면 그리스도께서 죄를 짓게 하는 자냐 결코 그럴 수 없느니라 ¹⁸ 만일 내가 헐었던 것을 다시 세우면 내가 나를 범법한 자로 만드는 것이라 ¹⁹ 내가 율법으로 말미암아 율법에 대하여 죽었나니 이는 하나님에 대하여 살려 함이라 ²⁰ 내가 그리스도와 함께 십자가에 못 박혔나니 그런즉 이제는 내가 사는 것이 아니요 오직 내 안에 그리스도께서 사시는 것이라 이제 내가 육체 가운데 사는 것은 나를 사랑하사 나를 위하여 자기 자신을 버리신 하나님의 아들을 믿는 믿음 안에서 사는 것이라 ²¹ 내가 하나님의 은혜를 폐하지 아니하노니 만일 의롭게 되는 것이 율법으로 말미암으면 그리스도께서 헛되이 죽으셨느니라

갈 2:15–21

CHAPTER 5

은혜만으로
구원을 얻을 수 있다, 없다?

신약성경은 우리의 신앙생활에 적이 되는 요소를 세 가지로 요약하고 있습니다.

첫째는, 율법을 지킴으로 우리가 의롭게 된다는 율법주의입니다. 이 율법주의의 문제를 지적한 책이 로마서입니다. 바울은 로마서에서 율법이 아니라 믿음으로 구원을 얻고 의롭게 된다고 가르치고 있습니다.

둘째는, 우리가 은혜로 구원을 얻었으므로 행함이 필요 없다는 반율법주의(antinomism)입니다. 이 반율법주의의 문제를 지적한 책이 야고보서입니다. 야고보서는 행함으로 구원을 얻는 것은 아니나 참된 믿음은 참된 행위가 따르게 마련이며, 믿음은 행함으로 온전해진다고 가르치고 있습니다.

셋째는, 믿음으로 의롭게 되고 구원을 얻지만 믿음만으로는 부족하기 때문에 행함이 필요하다는 것입니다. 믿음으로 구원을 얻는다는 점에서 율법주의는 아닙니다. 그러나 행함을 강조하기 때문에 반율법주의도 아닙니다. 일종의 율법주의의 변형이라고 할 수 있습니다. 갈라디아 교회 성도들에게서 이 같은 문제가 나왔기 때문에 '갈라디아주의'라고도 부릅니다.

로마서의 후속편이라고도 불리는 갈라디아서는 이 갈라디아주의를 경계하고 있습니다. 갈라디아주의는 오늘날 크리스천들이 경계할 사상이기도 합니다. 현대의 크리스천들은 유대인들의 율법주의는 반대하지만 갈라디아주의에 나타난 신율법주의에는 자신도 모르게 영향을 받아 신앙의 형태로 굳어져 있는 경우도 있습니다.

갈라디아주의를 고발한다

C. S. 루이스는 그의 명작 《스크루테이프의 편지》에서 믿음으로 구원을 얻는 진리에 무언가를 더하려는 시도가 우리의 신앙을 무너뜨릴 수 있음을 경고하고 있습니다. 믿음만으로는 부족하다, 은혜만으로는 부족하다면서 다른 무언가를 더하려는 것이 우리의 신앙을 무너지게

한다는 것입니다.

바울은 갈라디아서에서 이 갈라디아주의에 대해 '저주'라는 단어까지 사용하면서 갈라디아 성도들을 강하게 책망했습니다.

> "그리스도의 은혜로 너희를 부르신 이를 이같이 속히 떠나 다른 복음을 따르는 것을 내가 이상하게 여기노라"(갈 1:6).

사도 바울이 무엇 때문에 이상하게 여겼다고 했습니까?

은혜로 구원받아 주님의 부르심을 받은 갈라디아 교회 성도들이 어느 순간부터 율법을 좇아 살아가는 것을 보고 사도 바울은 놀랐습니다. 그들의 신앙에 율법주의가 뒤섞여 있는 것을 보고 놀란 것입니다. 사도 바울은 이것에 대해 '저주를 받을 것'(갈 1:8)이라고까지 하면서 혹독하게 비판했습니다.

영화 〈미션〉에서 로드리고는 원주민들을 노예로 팔아넘기는 노예 무역상으로 아메리카에 발을 딛습니다. 그러던 어느 날 로드리고가 사랑하는 동생을 자기 손으로 죽이는 사건이 벌어집니다. 로드리고는 이때 자기 자신에 대해 심각하게 절망합니다. 그런 그에게 원주민 지역에서 돌아온 가톨릭 신부가 구원의 손길을 내밉니다. 로드리고는 신부를 따라 죽음을 무릅쓰고 이과수폭포를 오릅니다. 엄청난 굉음을 내며 쏟아지는 폭포를 오르다 미끄러지고 오르다 미끄러지기를 반복하다 마침내 거슬러 올라 폭포 윗마을에 사는 원주민들과 대면합니다. 노예 무역상들을 증오하던 원주민들은 로드리고를 죽일 수 있는 순간에 죽이지 않고 그를 얽어매고 있는 밧줄을 끊어 줍니다.

이로써 로드리고는 무지막지하게 잡아다 노예로 팔던 원주민들에게 용서를 받았습니다. 용서란 죄를 지은 본인이 스스로 할 수 있는 일이 아닙니다. 원주민들이 로드리고의 밧줄을 칼로 끊어 주듯이 누군가가 용서를 통해 그 죄의 사슬을 끊어 줘야 그 죄로부터 자유로워질 수 있습니다.

원주민들의 용서와 하나님을 다시 찾은 로드리고의 삶은 감동적이었습니다. 위기에 처한 원주민 마을을 위해 신부와 로드리고가 싸우는 장면도 감동적이었습니다.

그런데 나는 로드리고가 속죄를 위해 이과수폭포를 거슬러 오르는 장면에서 로마 가톨릭이 스스로 함정에 빠졌던 율법주의를 발견합니다. 고행을 통해 원주민을 감동시키고 그 감동으로 용서받는 장면은 오직 믿음으로 용서받는 성경의 가르침에서 벗어나 있습니다. 실제로 형벌을 통해 죄에 대해 용서받는 등식은 현대인들에게 너무나 친숙한 것입니다. 그리고 많은 사람은 이런 용서를 원합니다. 대가 없는 용서란 납득하기 어렵기 때문입니다.

나는 그런 점에서 이 장면을 보면서 우리 안에 깃든 율법주의와 갈라디아주의를 바라봐야 한다고 생각했습니다.

중세 말기의 교회는 실제로 고행을 통해, 혹은 선행을 통해 구원받을 수 있다고 믿었습니다. 그래서 나온 것이 교황청의 면죄부 판매였습니다. 면죄부 판매 설교자로 명성이 높았던 요한 테첼(Johann Tetzel)은 "헌금궤에 동전 떨어지는 소리가 울리자마자 연옥에 있던 영혼이 솟아오른다"고 말했습니다. 사람들은 그의 말에 감동해서 자발적으로 헌금 행렬을 이뤘습니다.

우리가 하나님께 드리는 헌금은 죽은 영혼의 미래와 아무런 상관이 없습니다. 헌금은 죽은 후를 준비하는 선행이 절대 아닙니다. 살아생전에 헌금을 아무리 많이 해도 죽은 뒤의 삶이 보장되지 않습니다.

많은 교회에서 성도들에게 직분을 주면서 임직헌금을 강요하는 것을 봅니다. 직분에 대한 감사로 드리는 임직헌금 자체는 문제될 게 없지만, 이것이 자칫 오용되면 헌금이 공로나 업적이 되어 직분을 얻게 되는 폐단이 될 수 있습니다. 우리 교회는 이런 이유로 임직헌금 자체를 없애버렸습니다.

면죄부 판매는 죄의 용서와 은혜를 돈으로 살 수 있는 상품으로 전락시킨 교회의 가장 대표적인 폐단이었습니다. 이 어마어마한 죄를 교회 차원에서 저질렀던 것입니다. 그리고 이를 계기로 종교개혁이라는 새로운 역사의 물줄기가 탄생했습니다.

종교개혁은 제도의 개혁도 아니고 무소불위의 권력자 교황에 대항한 운동도 아니었습니다. 종교개혁은 하나님 은혜에 대한 각성에서 태어났습니다. 오늘날에도 교회가 새로워지려면 여러 가지 제도도 개선 되어야 하지만 이 한 가지를 붙들어야 합니다. '하나님의 은혜'입니다.

sola scriptura 오직 성경

sola fide 오직 믿음

sola gratia 오직 은혜

종교개혁은 이 세 가지를 강조하고 주장했습니다. 오직 은혜로, 오직 그 은혜를 믿음으로 구원을 얻는 것입니다. '오직'은 종교개혁자들의 신념이 깃든 단어입니다. 왜 '오직'입니까?

로마 가톨릭도 믿음으로 구원받는다고 가르쳤습니다. 그러나 여기에 믿음만으로는 부족하니 행위를 얹기 시작하면서 로마 가톨릭은 엉뚱한 길로 나아갔습니다. 고행이든 선행이든 하나님을 감동시킬 만한 행위가 필요하다고 가르친 것입니다. 그래서 종교개혁자들은 로마 가톨릭이 빠진 이 갈라디아주의에 반기를 들고 '오직'을 강조한 것입니다.

그렇다면 로마 가톨릭은 왜 이 '오직'을 잃어버린 걸까요? 인간의 자유의지와 타락한 죄성을 있는 그대로 보지 않았기 때문입니다. 토마스 아퀴나스는 "인간의 자유의지는 완전히 망가지지 않았다"고 주장했습니다. 그의 이 같은 사상을 근거로 중세 교회의 믿음, 은혜, 율법 사상이 혼란에 빠지고 말았습니다.

그러나 성경은 인간은 전적으로 타락한 존재라고 가르치고 있습니다.

"선을 행하는 자는 없나니 하나도 없도다"(롬 3:12).

우리는 괜찮은 사람이 아닙니다. 우리의 인격은 우리에게 절망만 가져다줍니다. 이 절망을 인정할 때 희망이 생기기 시작합니다. 이 절망을 인정하지 않으면 희망도 없습니다.

구원의 길이 보이지 않습니까? 자기 자신에게 절망하지 않았기 때문입니다. 자기 자신에게 절망하지 않은 사람은 은혜를 구하지 않습니다. 은혜가 필요하지 않습니다. 그들은 은혜를 단지 문제가 생겼을 때 얻는 도움쯤으로 생각합니다. 그러나 은혜는 내가 아무것도 할 수 없다는 전적인 무능과 절망을 인정할 때 구원의 손길로 다가오는 것입니다. 내가 다할 수 있는데 이것만큼은 할 수 없다는 상태에서는 은혜가 필요 없습니다. 나는 아직 형편없지 않다, 괜찮다고 생각하는 한 은혜의 놀라움을 알 수가 없습니다.

어거스틴(Saint Augustin)이 회심 전에 이런 기도를 했다고 합니다.

"주여, 제게 순결함과 거룩함과 자제력을 주시옵소서. 그러나 지금 주지는 마옵소서."

왜 지금 필요하지 않은 겁니까? 아직 절망하지 않았기 때문입니다. 아직 쓸 만하다고 생각하기 때문입니다. 우리 마음속에 있는 이 교묘함을 보아야 합니다.

어느 유럽의 수도원에 방문자가 왔습니다. 수도사는 방문자에게 방을 내주면서 한 가지 금기사항을 알려 주었습니다. 그것은 '절대 창밖을 내다보지 말라'였습니다. 이 금기만 지키면 방에서 무슨 일이든 해도 괜찮다고 했습니다. 방문자는 창밖을 내다보았을까요, 수도사의 지시대로 절대 내다보지 않았을까요? 여러분이라면 어떨 것 같습니까?

하지 말라고 하면 더 하고 싶은 게 인간의 심리입니다. 당연히 방문자는 창밖이 너무 궁금해서 미칠 지경이었습니다. 방에는 그 사람 혼자밖에 없었습니다. 그를 지켜보는 사람이 아무도 없었습니다. 그는 몰래 창밖을 내다봤고, 순간 기겁을 했습니다. 왜 그렇습니까? 모든 수도사가 창밖을 내다보고 있었기 때문입니다.

그 수도원을 방문한 사람들은 똑같은 금기를 전달받았으나 한 사람도 예외없이 그 금기를 깼습니다. 수도원은 방문자들에게 왜 이런 금기를 말해 준 것일까요? 인간은 단 한 가지 규칙도 지킬 수 없는 무능한 존재라는 사실을 가르치기 위해서였습니다.

아담과 하와도 단 한 가지 금기를 깨뜨려 에덴동산에서 쫓겨났습니다. 굳이 하지 말라면 굳이 더 해야 직성이 풀리는 것이 인간입니다. 그것이 인간의 죄성입니다.

사도 바울도 "내가 원하는 바 선은 행하지 아니하고 도리어 원하지 아니하는 바 악을 행하는도다"(롬 7:19)라고 고백했고, 시편 기자는 "여호와여 주께서 죄악을 지켜보실진대 주여 누가 서리이까"(시 130:3)라고 고백했습니다.

어느 누구도 이 죄에서 자유롭지 못합니다. 오직 은혜로, 오직 예수 그리스도께서 우리를 위하여 베푸신 은혜를 믿음으로 의로워질 뿐입니다. 그런데 이 믿음이 흔들리면 은혜로는 부족하다면서 행위를 강조하게 되는 율법주의와 갈라디아주의에 빠지게 됩니다. 은혜로 구원받았으나 그것으로는 부족하다고 느껴 율법적인 신앙생활을 하는 것입니다.

현대판 율법주의를 고발한다

율법주의는 대개 성경과 상관없는 규칙들을 만들어 냅니다. 그리고 규칙을 죽도록 지킵니다. 규칙을 어길 때는 자신을 가혹하게 벌합니다. 규칙을 지킬 때는 스스로 자랑스러워합니다. 그러면서 스스로 심판관이 되어 규칙을 어기거나 다른 규칙을 따르는 사람들을 혐오하고 미워합니다.

어떤 교회는 돼지가 부정하다는 말씀에 따라 돼지고기를 먹지 말라고 가르치는가 하면, 어떤 교회는 피째 먹지 말라는 말씀에 따라 선짓국을 못 먹게 합니다. 내가 전에 다니던 교회도 갈라디아주의에 빠진 교회였습니다. 교사수련회에 갔다가 해장국집에서 아침을 먹는데 때마침 선짓국이 나오자 담임목사를 비롯해 모두가 얼어붙어 버렸습니다. 먹을 수도 없고 먹지 않을 수도 없는 아주 곤란한 상황이었죠. 한참을 고민하다가 담임목사가 선지를 골라내고 국만 먹자고 해서 힘겹게 아침을 먹었습니다.

그 교회는 주일에는 음식을 사 먹지도 말고 놀러 가지도 말라고 가르쳤습니다. 당시 나는 전도사였는데, 혼자 사는 총각인지라 점심은 교회에서 해결한다지만 저녁이 문제였습니다. 굶어 죽는 한이 있어도 사먹지 말라니 성도들 집에서 신세를 져야 했습니다. 그러나 매번 신세질수 없어서 버스를 타고 한참 떨어진 곳에 가서 밥을 사 먹었습니다. 주변에 지켜보는 눈이 없나 살피면서 말입니다. 하지만 나는 그때도 그것이 지나친 율법주의라고 생각했습니다. 교회를 섬기는 전도사로서 함부로 교회의 명령을 어길 수 없어서 눈치 본 것이지 죄라고 생각하지는 않았습니다.

그러던 어느 주일 저녁에 장로님 한 분이 저녁을 같이하자며 끌고 가더니 삼겹살집으로 들어가는 것입니다. 나는 속으로 '아, 우리 장로님이 드디어 종교개혁을 일으키시는구나' 하며 기쁘게 먹었습니다. 맛있게 고기를 먹은 다음 조심스럽게 목사님이 아시면 큰일이지 않냐고 물었더니 그 장로님의 대답이 걸작이었습니다.

"괜찮아. 돈은 내일 내기로 했어."

이것이야말로 심각한 율법주의가 아니겠습니까?

지금으로부터 10여 년 전에 어느 교회에서 주일 설교를 부탁해서 가게 되었습니다. 단상에 오를 때는 가운을 입어야 한다기에 작아서 팔뚝

밖에 오지 않는 가운을 입었습니다. 슬리퍼도 신어야 한다기에 겨우 발만 걸치는 슬리퍼를 신고 단상에 올랐습니다. 그 교회 담임목사의 가운과 슬리퍼를 주어 사용했는데 그분의 체구가 아주 아담했던 것입니다. 그날따라 비가 왔는데 바깥에서 단상으로 들어가는 구조라 양말이 다 젖었습니다. 그런데 단상에 올라 보니 단상 좌우로 성가대원들이 서 있는데 모두 신발을 신고 있는 겁니다. 나는 눈을 의심했습니다. '왜 저들은 신발을 신고 나만 슬리퍼를 신는 거지?' 도무지 이해되지 않았습니다. 나중에 알고 보니 강대상에서 2미터 반경에 서는 사람만 슬리퍼를 신는다는 겁니다. 도대체 그 기준이 어디서 나온 것인지 이해할 수 없지만 그 교회는 지금도 이 원칙을 지킨다고 합니다.

내가 어렸을 때 다니던 교회는 단상을 이중으로 해 놓고 여자는 아래 단상에만 오르게 했습니다. 지금도 미국의 한인교회 중에는 여자들은 단상에 오르지 못하게 하는 교회가 있습니다. 한번은 여자 설교자가 그 교회에 갔다가 장로님이 제지해서 단상에 오르지 못하고 밑에서 설교하게 되었다고 합니다. 그분은 단상을 꾸민 꽃을 보고 이렇게 얘기했다고 합니다.

"꽃아, 나는 네가 부럽다. 나도 못 올라가는 거기를 너는 어떻게 올라갔니?"

이렇듯 현대판 율법주의는 우리 삶 곳곳에서 발견할 수 있습니다. 그것이 우리를 얼마나 속박하고 있는지 모릅니다.

율법주의는 왜 위험한가?

"율법 안에서 의롭다 함을 얻으려 하는 너희는 그리스도에게서 끊어지고 은혜에서 떨어진 자로다"(갈 5:4).

은혜에서 떨어져 나가게 하는 것은 그것이 무엇이든지 복음이 아닙니다. 그러므로 율법주의는 복음이 아닙니다. 조셉 프린스(Joseph Prince)는 그의 책 《넘치는 은혜》에서 율법적 신앙이 왜 위험한가를 설명했습니다. 그중에서 두 가지만 살펴보도록 하겠습니다.

첫째, 율법적 신앙은 그리스도의 죽음을 헛되게 만듭니다. 내가 지은 죄를 나의 고행과 선행을 통해 값을 치르겠다고 하기 때문입니다. 율법주의는 그리스도에게서만 얻을 수 있는 구원과 은혜를 나 자신에게서 얻으려 하기 때문에 아주 위험합니다.

"내가 하나님의 은혜를 폐하지 아니하노니 만일 의롭게 되는 것이 율법으로 말미암으면 그리스도께서 헛되이 죽으셨느니라"(갈 2:21).

이단은 대부분 행위에 의한 신앙을 가르칩니다. 왜 그렇습니까? 설득력 있기 때문입니다. 많이 전도하면, 많이 헌금하면, 많이 헌신하면, 많이 선행하면, 많이 베풀면 하나님의 인정을 받고 확실히 구원받게 된다고 가르치는 겁니다. 겉으로는 참된 신앙 같지만 사실은 철저히 율법주의 신앙을 따르는 것입니다.

율법주의는 마치 보험과 같습니다. 미리 선행을 예치해서 문제가 생겼을 때 보상받는다는 개념이지요. 행위로 하나님과 거래하려는 교만이요, 무지의 소치입니다.

무엇을 해서 얻는 것이 아니라 이미 예수님이 이루신 것을 감사함으로 받는 것이 구원이요, 은혜입니다. 그 은혜에 대한 반응으로 우리 삶에 변화가 일어나고 선한 행실이 나타나는 것입니다.

둘째, 율법적 신앙은 고난이 왔을 때 쉽게 흔들리게 만듭니다. 하나님의 은혜 위에 세워진 신앙은 어떤 고난이 와도 흔들리지 않습니다. 그러나 나의 행위와 율법에 기초한 신앙은 고난이 오면 쓰러집니다.

> "그러므로 우리가 믿음으로 의롭다 하심을 받았으니 우리 주 예수 그리스도로 말미암아 하나님과 화평을 누리자 또한 그로 말미암아 우리가 믿음으로 서 있는 이 은혜에 들어감을 얻었으며 하나님의 영광을 바라고 즐거워하느니라 다만 이뿐 아니라 우리가 환난 중에도 즐거워하나니 이는 환난은 인내를, 인내는 연단을, 연단은 소망을 이루는 줄 앎이로다"(롬 5:1-4).

환난 가운데서도 기뻐할 수 있으며, 그 환난이 인내를 만들고 인내는 연단을 만들고 연단은 소망을 만들 수 있는 근거가 무엇입니까? 믿음으로 의롭다 함을 받은 은혜가 그 근거입니다. 만일 고난이 왔을 때 쉽게 무너진다면 나의 신앙이 어디에 기초하고 있는지 돌아보십시오. 혹시 나의 행위에 근거한 신앙이 아니었는지 살펴보십시오.

> "하나님이여 내게 은혜를 베푸소서 내게 은혜를 베푸소서 내 영혼이 주께로 피하되 주의 날개 그늘 아래에서 이 재앙들이 지나기까지 피하리이다"(시 57:1).

나의 수고와 선행으로 고난을 피하려 했습니까? 하나님 은혜의 날개 아래로 피하십시오. 믿음으로 그 날개 아래로 피하십시오.

'평안'을 주제로 미술대회가 열렸습니다. 거의 모든 작품이 고요하고 여유 있는 모습이었습니다. 그런데 그 미술대회에서 대상은 어쩌면 '평안'과 상관없는 그림이 차지했습니다. 풍랑이 일고 번개가 내리치는 그림이었거든요. 하지만 이 작품을 선정한 이유는 절벽 틈에 둥지를 틀고 앉은 독수리 가족 때문이었습니다. 그렇게 세찬 풍랑 가운데서도 새끼 독수리는 어미독수리 품에 안겨 평안히 잠들어 있었던 것입니다.

그렇습니다. 평안은 폭풍과 태풍과 고난이 없는 것이 아니라 폭풍 가운데서도 내 영혼이 주의 은혜의 날개 아래서 쉼을 얻는 것입니다. 주의 날개 아래로 피하면 폭풍 가운데서도 평안을 얻습니다.

율법적 신앙은 이미 받은 은혜, 충분한 은혜를 땅에 파묻어 버립니다. 율법은 우리에게 조건을 내걸지만 은혜는 조건 없이 거저 주시는 겁니다. 율법은 죄인을 정죄하지만 은혜는 죄인을 의롭게 합니다. 율법은 죽음에 이르게 하지만 은혜는 풍성한 삶을 낳습니다. 율법은 우리의 부족함을 드러낼 뿐이지만 은혜는 그리스도 안에서 우리의 부족함이 채워집니다.

율법은 우리가 해야 할 일이지만 은혜는 예수 그리스도께서 우리를 대신해 주신 일입니다. 율법은 우리에게 짐을 지우지만 은혜는 예수님이 대신 짐을 져 주십니다. 율법은 우리가 잘해야 하나님께 사랑받는다고 말하지만 은혜는 하나님께서 우리를 사랑하시기 때문에 우리가 선한 행실을 할 수 있다고 말합니다. 율법은 회개하면 용서한다고 말하지만 은혜는 그리스도의 십자가 희생으로 이미 용서받았으니 회개함으로 삶을 살라고 합니다.

튤리안 차비진(Tullian Tchividjian)이 쓴 《Jesus All》을 보면 'Jesus + Nothing = Everything'이라는 등식이 소개되어 있습니다. '예수 그리스도' + '아무것도 아닌 것' = '모든 것'입니다. 예수 그리스도 위에 아무것도 더하지 않아야 모든 것이 됩니다. 예수 그리스도 위에 무언가를 더하는 순간 우리는 아무것도 아닌 것(nothing)이 되고 맙니다.

오직 예수님만으로 충분합니다. 오직 은혜로, 오직 믿음으로 우리가 구원 얻었음을 고백할 때 사도 바울의 위대한 고백인 갈라디아서 2장

20절 말씀이 이해됩니다.

> "내가 그리스도와 함께 십자가에 못 박혔나니 그런즉 이제는 내가 사는 것이 아니요 오직 내 안에 그리스도께서 사시는 것이라 이제 내가 육체 가운데 사는 것은 나를 사랑하사 나를 위하여 자기 자신을 버리신 하나님의 아들을 믿는 믿음 안에서 사는 것이라."

오직 은혜는 오직 믿음의 삶을 가져다 줍니다. 무엇을 믿습니까? 내가 그리스도와 함께 십자가에 못 박힌 은혜, 뿐만 아니라 그리스도 안에 거하는 은혜, 더 나아가 그리스도께서 내 안에 거하는 은혜, 그 은혜 위에서 우리는 그것을 믿음으로 살아가는 것입니다.

무엇을 믿습니까? 우리의 죄가 예수님과 함께 십자가에서 처리되었다는 것을 믿습니다. 죄가 용서됐을 뿐만 아니라 내가 예수님 안에서 살게 되었음을 믿습니다. 그뿐 아니라 예수님이 우리 안에서 나를 대신해 사시는 것을 믿습니다. 그런 까닭에 우리는 선을 행할 수 있습니다. 내 안에 살아 계신 예수님의 사랑으로, 은혜로, 진리로 선을 행할 수 있는 것입니다. 이렇게 율법이 아닌 은혜로 살 때 진정한 율법을 이룰 수 있습니다. 율법을 버리는 게 아니라 율법을 이루는 삶을 살 수 있게 됩니다. 오직 은혜로, 오직 믿음으로 살아갈 때 불가능한 삶이 가능한 삶으로 변화됩니다.

평안은 폭풍과 태풍과 고난이 없는 것이 아니라 폭풍 가운데서도 내 영혼이 주의 은혜의 날개 아래서 쉼을 얻는 것입니다. 주의 날개 아래로 피하면 폭풍 가운데서도 평안을 얻습니다.

PART 2

은혜를 가로막는 것들,
은혜가 흐르게 하는 것들

¹ 천국은 마치 품꾼을 얻어 포도원에 들여보내려고 이른 아침에 나간 집주인과 같으니 ² 그가 하루 한 데나리온씩 품꾼들과 약속하여 포도원에 들여보내고 ³ 또 제삼시에 나가 보니 장터에 놀고 서 있는 사람들이 또 있는지라 ⁴그들에게 이르되 너희도 포도원에 들어가라 내가 너희에게 상당하게 주리라 하니 그들이 가고 ⁵ 제육시와 제구시에 또 나가 그와 같이 하고 ⁶ 제십일시에도 나가 보니 서 있는 사람들이 또 있는지라 이르되 너희는 어찌하여 종일토록 놀고 여기 서 있느냐 ⁷ 이르되 우리를 품꾼으로 쓰는 이가 없음이니이다 이르되 너희도 포도원에 들어가라 하니라 ⁸ 저물매 포도원 주인이 청지기에게 이르되 품꾼들을 불러 나중 온 자로부터 시작하여 먼저 온 자까지 삯을 주라 하니 ⁹ 제십일시에 온 자들이 와서 한 데나리온씩을 받거늘 ¹⁰ 먼저 온 자들이 와서 더 받을 줄 알았더니 그들도 한 데나리온씩 받은지라 ¹¹ 받은 후 집주인을 원망하여 이르되 ¹² 나중 온 이 사람들은 한 시간밖에 일하지 아니하였거늘 그들을 종일 수고하며 더위를 견딘 우리와 같게 하였나이다 ¹³ 주인이 그중의 한 사람에게 대답하여 이르되 친구여 내가 네게 잘못한 것이 없노라 네가 나와 한 데나리온의 약속을 하지 아니하였느냐 ¹⁴ 네 것이나 가지고 가라 나중 온 이 사람에게 너와 같이 주는 것이 내 뜻이니라 ¹⁵ 내 것을 가지고 내 뜻대로 할 것이 아니냐 내가 선하므로 네가 악하게 보느냐 ¹⁶ 이와 같이 나중 된 자로서 먼저 되고 먼저 된 자로서 나중 되리라

마 20:1-16

CHAPTER 6

더 헌신했는데
왜 받는 은혜가 같은가?

우리는 너무 쉽게 '하나님의 은혜'라는 단어를 사용합니다. 때로 그 의미가 잘못 사용되는 경우도 많습니다. 예를 들어, 어떤 문제가 생겼을 때 "그냥 은혜로 합시다" 하면서 문제를 회피하는 경우입니다. 은혜가 은혜 되려면 하나님이 책임져 주실 부분과 내가 책임질 부분을 명확히 해야 합니다. 문제가 있는데도 문제가 없는 것처럼 회피하는 것은 은혜와 아무런 상관이 없습니다.

디트리히 본회퍼(Dietrich Bonhoeffer)는 '값싼 은혜'의 위험성에 대해 경고했습니다. 당시에도 진리를 행하는 어떤 희생과 책임 없이 은혜를 가볍고 쉽게 생각하는 사람들이 있었기 때문입니다. 은혜에는 십자가라는 엄청난 희생이 전제되어 있습니다. 그런데 그런 은혜를 어떻게 우리도 베풀 수 있는 것처럼 값싸게 취급할 수 있단 말입니까?

은혜는 결코 값싸지 않습니다. 은혜는 값비싼 은혜입니다. 우리가 받은 은혜가 얼마나 값비싼 것인지를 알지 못하면 하나님의 풍성한 은혜를 절대로 누릴 수 없습니다.

은혜를 은혜 되게 하지 못하는 또 다른 원인에는 우리가 드리는 헌신이 있습니다. 처음에는 하나님의 은혜에 대한 감사로 헌신을 드렸습니다. 그러다 시간이 흐를수록 감사하기 때문이 아니라 나의 의로 헌신을 드리게 됩니다. 교회 안에서 일어나는 크고 작은 다툼과 분쟁에는 이렇게 자기 의로 봉사하고 헌신하는 사람들이 포진해 있습니다. 교회의 갈등과 분열은 교회 바깥에서 원인을 제공한 것이 아닙니다. 나의 공로와 나의 행함과 나의 헌신이 이 갈등과 분쟁을 가져올 때가 많습니다. 우리의 열심과 수고와 봉사는 이렇듯 때로 자기 자신은 물론 공동체를 해치는 독소가 되기도 합니다. 그래서 헌신하고 봉사할수록 시험에 들지 않도록 주의하고 또 주의해야 합니다.

우리의 헌신은 하나님이 베푸신 은혜에 대한 대가로 드리는 것입니다. 내가 헌신한 대가로 하나님의 은혜가 주어지는 것이 아닙니다. 이것의 순서가 바뀌는 순간, 하나님의 은혜는 더 이상 은혜 되지 못합니다. 나의 헌신이 하나님께 무언가를 요구하는 조건이 되기 때문입니다.

왜 먼저 된 자가 나중 된 자가 되는가?

마태복음 20장 1-16절의 배경에는 베드로의 다음과 같은 질문이 있습니다.

"예수님, 제가 모든 것을 버리고 예수님을 따랐는데, 제가 무엇을 얻을 수 있겠습니까?"

베드로는 예수님이 "나를 따르라" 했을 때 지체하지 않고 예수님을 따랐습니다. 고기잡이배도 버려두고, 그물도 버려두고, 가족도 버려두고 주님을 따랐습니다. 그리고 어느덧 세월이 흘러 베드로는 문득 이런 생각을 하게 되었습니다. '내가 예수님께 나의 삶을 헌신했는데 내가 얻은 게 뭐지?' 처음에는 그저 예수님을 따랐을 뿐인데 시간이 흐를수록 헌신에 대한 대가를 셈하게 된 것입니다.

무언가 얻을 것을 염두에 두고 드리는 헌신은 참된 헌신이 아닙니다. 어떤 목표에 도달하기 위해 드리는 헌신은 참된 헌신이 아닙니다. 헌신의 대가가 반드시 축복이 아닐 수 있습니다. 헌신했으나 고난당하고 심지어 순교당하는 사람들도 있습니다. 베드로가 성령 충만해져서 설교하자 그 자리에서 3,000명, 5,000명의 회심자가 나타나기도 했지만, 스데반 집사는 예수님을 증거하는 설교를 했다가 도리어 돌에 맞아 죽었습니다.

우리는 헌신에 합당한 보상이 주어지기를 기대합니다. 그러나 우리의 헌신에 대한 하나님의 보상은 전적으로 하나님께 속한 것입니다. 헌신에 대한 보상을 내 마음대로 정할 수 없습니다. 내가 정한 목표나 기대한 축복이 보상되지 않을 수 있습니다. 우리의 헌신은 철저히 하나님의 은혜에 대한 응답으로 드려져야 합니다.

예수님은 베드로의 마음속에 숨어 있는 보상의식, 공로의식, 성과의식, 종교적 기대를 고쳐 주시기 위해서 마태복음 20장의 비유를 말씀해 주셨습니다. 일명 포도원 품꾼의 비유입니다. 당시 사람들에게 포도원은 너무나 친숙한 곳입니다.

한 포도원 주인이 포도 열매 추수를 도울 일꾼을 찾아 나섰습니다. 포도는 짧은 기간에 빨리 수확해야 하는 열매이기 때문에 많은 일꾼이 일시적으로 필요했던 것입니다.

오전 6시에 그는 장터에 나가 일꾼들을 불러 모았습니다. 당시 노동자들의 하루 품삯인 한 데나리온을 약속하고 주인은 일꾼을 데려왔습니다. 그런데 일꾼이 더 필요해서 오전 9시에 또다시 일꾼들을 불러 모으러 장터에 갔습니다. 그리고 오후 3시에도 일꾼을 모으러 나갔습니다. 이제 일할 시간이 한 시간밖에 남지 않은 오후 5시에도 주인은 일꾼을 모으러 나갔습니다. 하지만 주인은 오전 6시에 일꾼을 데려왔을 때와는 달리 다른 일꾼들에게는 품삯을 얼마 주겠다는 약속을 하지 않습니다.

오후 6시에 일과가 끝나자 주인은 "나중 온 일꾼부터 품삯을 지불하라"고 했습니다. 가장 나중에 온 일꾼은 불과 1시간밖에 일하지 않았습니다. 그런데 품삯이 무려 한 데나리온이나 되었습니다. 오후 5시에 들어온 일꾼은 의아한 얼굴로 품삯을 보고 또 보았을 것입니다. 그러자 옆에 있던 다른 일꾼들의 얼굴에 희색이 만연해졌습니다. 왜 그랬겠습니까? 한 시간 일한 일꾼이 한 데나리온을 받았다면 세 시간 일한 일꾼은 얼마를 기대했겠습니까? 3데나리온을 기대했겠지요. 그러면 오전 6시에 온 일꾼은 얼마를 기대했겠습니까? 12데나리온을 기대했을 것입니다. 그들은 '한 시간 일한 사람에게 한 데나리온을 주다니, 오늘 이 농장에 일하러 오길 잘했다' 하며 속으로 쾌재를 불렀을 것입니다.

그런데 주인은 세 시간 일한 일꾼에게도, 아홉 시간 일한 일꾼에게도, 심지어 열두 시간 일한 일꾼에게도 한 데나리온을 주었습니다. 어떻습니까? 당신이 만일 12시간 일한 일꾼이라면 화가 나지 않겠습니까? 만일 요즘에 이렇게 임금을 지불하는 기업이 있다면 머지않아 노조의 등쌀에 못 버티고 망해 버릴 것입니다. 이것은 정의롭지 않습니다. 공의롭지 않습니다. 한 시간 일한 사람에게 한 데나리온을 주었다면 열두 시간 일한 사람에게는 그에 합당한 품삯을 줘야 공의로운 것입니다.

예수님은 이 비유를 통해서 세상의 경제 법칙을 말씀하신 것이 아닙니다. 기업을 운영할 때 어떻게 임금을 지불할 것인지를 가르치신 것도 아닙니다. 이것은 세상을 살면서도 하나님의 은혜를 경험한 사람들에게서 나타나는 역설이라 할 수 있습니다. 그것은 이 세상의 질서와는 전혀 다른, 하나님의 은혜가 만들어 내는 질서입니다.

예수님은 이 비유를 말씀하신 뒤 엉뚱하게도 "이와 같이 나중 된 자로서 먼저 되고 먼저 된 자로서 나중 되리라"고 결론을 내리십니다. 아무리 생각해도 알쏭달쏭한 결론입니다.

교회를 오래 다닌 사람들은 이 말씀을 이렇게 이해합니다.

"내가 먼저 교회에 왔건만 나보다 늦게 온 저 사람이 먼저 교회의 리더가 되는구나. 저 사람이 먼저 되고 나는 나중 되었구나."

그래서 먼저 된 자가 나중 된다는 말씀을 교회를 오래 다닌 사람일수록 싫어합니다. 그런데 과연 나중 된 자가 먼저 된다는 말씀이 그런 뜻일까요? 그렇지 않습니다. 이 비유에 나타난 성경적 원리를 잘 이해해야 이 말씀을 제대로 이해할 수 있습니다.

다시 비유의 내용으로 돌아가 봅시다.

오전 6시에 와서 하루 종일 일한 일꾼이 항의를 합니다. 우리는 이 사람의 항의를 충분히 이해할 수 있습니다. 그리고 이런 항의는 많이 수고하고 헌신한 사람들에게서 나타나는 공통된 현상입니다.

"아니, 어떻게 열두 시간 일한 나와 한 시간 일한 저 사람에게 동일한 품삯을 주실 수 있습니까? 불공평합니다. 말도 안 됩니다."

그러자 주인이 이렇게 대답합니다.

"이보게, 내가 자네를 오전 6시에 부를 때 뭐라고 약속했나? 자네에게 품삯을 한 데나리온 주겠다고 약속하지 않았나? 그리고 한 데나리온은 모든 사람이 하루 일당으로 받는 정당한 품삯이 아닌가? 나는 자네에게 약속한 대로 한 데나리온을 주었네. 그것은 경제 질서나 다른 어떤 기준으로 봐도 공의롭지 못한 것이 아니네. 오히려 합당한 대가를 준 것이라네."

일꾼은 또 이렇게 불평합니다.

"그러면 저 사람은 한 시간만 일했는데 왜 똑같이 줍니까? 12분의 1데나리온을 줘야 맞지 않습니까?"

그러자 주인의 대답이 놀랍습니다.

"내 마음일세. 내 것을 가지고 내 마음대로 못하겠는가?"

그런 다음 주인은 일꾼의 문제가 무엇인지를 지적합니다.

"내가 선함을 베푼 것을 자네는 악하게 보는가?"

이 말이 중요합니다. 주인은 지금 악을 행했습니까? 아니면 선을 행했습니까? 품삯을 불공평하게 줬으니 악해 보입니다. 공평하지 않아서 악한 것 같습니다. 그러나 주인은 이미 일꾼에게 약속한 대로 한 데나리온을 주었습니다. 그것은 당시의 경제 질서에 합당한 품삯이었습니다.

그렇다면 주인은 선을 행한 것입니까? 그렇습니다. 적게 일했으나 적게 일한 만큼 주지 않고 더 많이 일한 사람처럼 풍족하게 주었으니 은혜를 베푼 것입니다. 주인은 악이 아니라 선을 행한 것입니다.

그런데 많이 일한 사람일수록 주인에게 불만이 많습니다. 그가 봤을 때, 적게 일한 사람은 적게 대가를 지불해야 공평합니다. 아니면 많이 일한 사람에게 더 많이 주는 것이 공평해 보입니다. 그런 그에게 주인은 오히려 "내가 선하므로 네가 악하게 보느냐"고 지적합니다.

이 비유를 통해 예수님이 베드로에게 가르치시고자 한 메시지는 무엇일까요?

물론 베드로는 더 많이 수고한 자이고, 먼저 예수님을 따른 자입니다. 그런데 이후 수많은 제자들이 예수님께 나아오자, 베드로는 문득 이런 생각이 들기 시작했습니다. '내가 먼저 예수님을 따랐고 더 많이 수고했고 더 많이 헌신했는데, 이제 나에게 돌아올 것은 무엇인가?' 베드로는 그의 헌신의 대가로 무엇인가를 얻을 수 있다는 공로의식, 성과의식, 보상의식, 비교의식에 사로잡히기 시작했습니다.

그는 주님이 나를 택해 주시고 나를 불러 주신 은혜로 예수님이 하나님 되심을 발견했고, 예수님 안에 영생이 있음을 깨달았습니다. 예수님이 길이요 진리요 생명이라는 것을 깨닫고 예수님께 그의 인생을 온전히 의탁했습니다. 그런데 그 순간의 감격과 결단은 어디론가 사라지고, 예수님을 따르기 위해 모든 것을 버린 내게 무엇이 돌아올 것인가에 관심을 갖게 되었습니다. 나의 헌신의 대가로 어떤 은혜가 주어질 것인지를 기대하는 종교생활자가 된 것입니다.

예수님은 베드로의 마음속에 있는 이 공로의식과 보상의식을 보시고 은혜 안에 있는 헌신과 봉사를 가르칠 필요를 느끼셨던 것입니다.

베드로는 분명 먼저 된 자였습니다. 먼저 예수님을 따랐고, 모든 것을 버리고 헌신한 자였습니다. 그런데 먼저 일하고, 더 많이 수고하고 헌신한 포도원의 일꾼이 빠진 오류에 베드로도 빠지고 말았습니다. 주인의 선하심을 불평하는 순간 베드로는 나중 된 자가 되는 것입니다.

'먼저'와 '나중'은 순서의 의미만 있는 것이 아닙니다. '먼저'에는 '가치 있는', '의미 있는', '인정받을 만한'이라는 뜻이 포함되어 있습니다. '나중'에는 반대로 '가치 없는', '인정받지 못할', '합당하지 않은', '바람직하지 않은', '의미 없는'이라는 의미가 포함되어 있습니다.

베드로는 분명 먼저 헌신한 자요, 더 많이 수고한 자이지만 그가 하나님의 선하심을 불평하고 수고한 대가를 바라는 순간, 하나님 나라의 질서에서는 나중 된 자가 되고 맙니다.

당신은 오전 6시에 일하러 온 일꾼입니까, 아니면 오후 5시에 와서 한 시간밖에 일하지 않은 일꾼입니까? 우리가 흔히 베드로가 빠진 공로의식에 빠지는 이유가 무엇입니까? 자신을 오전 6시에 일하러 온 일꾼으로 여기기 때문입니다. 만일 우리가 우리 자신을 오후 5시에 와서 한 시간밖에 일하지 않은 일꾼으로 여긴다면, 하나님의 은혜가 너무나 감격스러울 수밖에 없습니다. 하나님의 은혜가 너무나 과분할 수밖에 없습니다. 늘 내가 수고한 것보다 하나님의 은혜가 훨씬 크다고 느낄 수밖에 없습니다.

나의 봉사와 헌신이 더 크게 보이고 하나님의 은혜가 더 작게 보이는 순간, 우리는 나중 된 자가 되어 버립니다. 우리는 예수님의 이 비유를 읽으면서 내가 바로 오후 5시에 온 일꾼이라는 사실을 깨달아야 합니다. 그리고 베드로처럼 공로의식에 빠져 나중 된 자가 될 수 있음을 경고로 받아들여야 합니다.

오전 6시에 와서 하루 종일 일한 일꾼이 "우리 포도원 주인은 너무 선하십니다. 적게 일한 자에게도 나와 동일한 은혜를 베풀고 동일한 품삯을 주시니, 우리 포도원 주인은 너무 선하십니다"라고 말했다면 얼마나 좋았을까요?

우리 하나님은 너무나 선하신 분입니다. 죽기 바로 직전에 예수 그리스도를 영접해도 내가 얻은 구원, 내가 얻은 영생의 축복을 동일하게 주시는 하나님입니다. 태어날 때부터 예수님을 믿어 평생을 신실하게 산 사람이나 죽기 직전에 예수님을 영접하고 죽은 사람이나 하나님은 동일하게 구원을 베푸시는 분입니다. 우리가 주님의 이 선하심을 끝까지 찬양한다면 우리는 먼저 된 자로서 하나님 앞에 서게 될 것입니다.

어떤 믿지 않는 사람이 내게 이렇게 말했습니다.

"목사님, 제가 듣자 하니 아무렇게나 죄짓고 살다가 마지막 순간에 예수 믿고 죽은 사람이 성경에 나온다지요?"

그는 아마 예수님이 십자가에 달려서까지 구원해 준 강도를 말하는 것 같았습니다.

"예, 있죠. 한 강도가 마지막 순간에 예수 믿고 구원받았습니다."

그러자 그가 이렇게 말하는 것이었습니다.

"그럼 저는 이렇게 살다가 마지막 순간에 예수님을 영접하겠습니다."

한 시간 일하고 한 데나리온을 받겠다는 심보입니다. 왜 굳이 열두 시간을 일하고 똑같이 한 데나리온을 받느냐는 겁니다. 이것은 하나님의 선하심을 악함으로 돌려 드리고 값비싼 은혜를 값싼 은혜로 전락시키는 생각입니다.

그런데 이 사람은 두 가지 사실을 미처 깨닫지 못하고 있었습니다. 하나는, 사람은 언제 죽을지 모른다는 사실입니다. 또 하나는, 십자가상의 강도는 예수님을 처음 만났을 때 영접했다는 사실입니다.

대가를 바라지 않는 헌신

참된 헌신은 무엇입니까? 어떤 마음과 어떤 자세로 해야 참된 헌신이 됩니까? 만일 열두 시간 일한 일꾼이 다음과 같이 말했다면 어땠을까요?

"주인님, 주인님은 선하시군요. 이토록 선한 주인이 운영하는 포도원에서 제가 열두 시간이나 일할 수 있어서 얼마나 감사한지 모릅니다. 하루 종일 허송세월하지 않았으니 얼마나 감사한지요. 다른 사람들은 무의미하게 시간을 보내다가 뒤늦게 몇 시간 일했을 뿐이지 않습니까?

제가 그들보다 더 많이 수고했으나 그것은 제가 더 많이 얻고자 함이 아닙니다. 하나님이 제게 베풀어 주신 삶에 대한 감사요, 찬양이요, 기쁨일 뿐입니다. 제가 더 많이 헌신할 수 있음에 감사합니다."

열두 시간 일한 일꾼이 이런 고백을 했다면 그는 하나님 나라에서 계속 먼저 된 자로 남았을 것입니다. 이것이 은혜가 만들어 내는 역설입니다. 희한하게도 참된 은혜 가운데 헌신한 사람들은 더 많이 헌신하고 수고했음에도 불구하고 늘 빚진 마음이 있습니다. 사도 바울은 로마서에서 "피차 사랑의 빚 외에는 아무에게든지 아무 빚도 지지 말라"(롬 13:8)고 했습니다. 또 바울은 "내가 복음에 빚진 자"라고 했습니다. 빚진 자라는 마음은 늘 갚아야 할 것이 있는 사람의 마음입니다. 참된 은혜 가운데 헌신하는 사람은 갚고 또 갚아도 갚을 것이 있는 사람처럼 그렇게 헌신합니다.

참된 헌신은 무언가 돌아올 것을 기대하며 헌신하지 않습니다. 그저 헌신할 수 있음에 감사합니다. 더 많이 헌신하고 싶어서 안타까워할 따름입니다. 이런 사람이야말로 하나님 나라에서 '먼저 된 자'입니다.

그런데 우리는 아침에 큐티할 때는 먼저 된 자로 시작합니다. 그러다 하루 일과를 마치면 나중 된 자가 되어서 돌아옵니다. 주일 오전에 예배드릴 때는 먼저 된 자로 시작합니다. 그러다 오후에 봉사하면서 나중 된 자가 되어 집에 돌아갑니다. 일상에서도 먼저 된 자였다가 다시 나중 된 자가 되기를 반복합니다.

우리가 아무리 많은 것으로 헌신해도 하나님의 은혜보다 더 큰 헌신은 있을 수 없습니다. 포도원에서 아무리 많이 일해도 일할 거리가 있다는 것이 은혜요, 수고할 수 있다는 것이 은혜요, 더 많이 수고할 수 있다는 것이 하나님의 은혜입니다.

우리가 하나님을 위해 무엇인가를 드리겠다고 할 때 하나님은 사실 더 경계하십니다. 왜 그렇습니까? 우리가 하나님께 헌신하겠다고 할 때 거기에는 헌신에 대한 대가를 기대하는 보상의식과 공로의식이 있기 때문입니다. 그렇기 때문에 우리는 절대로 하나님께 주는 위치에 서서는 안 됩니다. '내가 하나님께 주고 있다'는 무서운 생각이 공로의식과 보상의식을 가져오기 때문입니다.

하나님은 우리가 하나님을 도와드린다고 생각하는 헌신을 받으시는 분이 아닙니다. 하나님은 우리의 도움이 필요 없는 분입니다. 우리가 헌금 안 하고 봉사 안 하면 하나님 나라의 일이 마비됩니까? 아닙니다. 오히려 우리가 봉사하고 헌신한다고 하는 그 일들이 하나님의 일을 망가뜨리는 경우가 더 많습니다.

베드로가 자신의 헌신에 대해 보상받기를 바란 것처럼 우리 역시 그런 보상의식과 공로의식이 있습니다. 우리 안에도 "아침 일찍 나와서 하루 종일 수고했는데, 왜 한 시간밖에 일하지 않은 사람과 동일한 품삯을 주는가?" 하는 불평이 있습니다. 만일 일상에서 불평이 나오고 갈등과 다툼이 일어나고 있다면 내 안에 이런 보상의식이 있지 않은지 돌아보기 바랍니다. 이미 나중 된 자가 되지 않았는지 점검하기 바랍니다.

우리의 봉사와 헌신 속에 숨겨진 영적인 독소를 제거하려면, 하나님의 은혜를 은혜로 고백하는 길밖에 없습니다. 보상받아 마땅한 자로서가 아니라 빚진 것을 마땅히 갚을 자로서 헌신해야 더 많이 수고하고 더 많이 헌신할 수 있습니다. 내가 하나님께 뭔가를 준다는 무서운 생각을 우리 안에서 제거해야 헌신이 진정 헌신다워질 수 있습니다. 내가 헌신할 수 있다는 사실 자체에 감사할 수 있어야 참된 헌신을 할 수 있습니다. 이렇게 참된 헌신을 할 수 있을 때 우리는 하나님 나라에서 먼저 된 자로 인정받게 될 것입니다.

우리의 헌신이 독이 되지 않도록 힘쓰십시오. 우리의 열심이 나의 의가 되지 않도록 애쓰십시오. 나의 봉사가 나의 공로가 되지 않도록 힘쓰십시오. 우리의 어떤 헌신도, 우리의 어떤 봉사도, 우리의 어떤 수고도 하나님의 은혜를 받을 만한 것이 못 됩니다. 아무리 섬기고 봉사하고 헌신해도 하나님의 은혜보다 더 클 수 없습니다.

하나님의 은혜는 단지 선물입니다. 하나님은 값없이 나를 구원하셨고 내가 헌신하고 섬김으로써 하나님 나라에서 먼저 된 자로 인정받도록 값없이 인도하십니다. 하나님의 은혜는 전적으로 하나님의 의지로 우리에게 주는 선물인 것입니다. 우리는 다만 하나님의 은혜로 헌신할 수 있음에 감사할 수 있을 뿐입니다.

참된 은혜 가운데 헌신하는 사람은 갚고 또 갚아도 갚을

것이 있는 사람처럼 그렇게 헌신합니다. 참된 헌신은 무

언가 돌아올 것을 기대하며 헌신하지 않습니다. 그저 헌

신할 수 있음에 감사합니다.

²³ 그러므로 천국은 그 종들과 결산하려 하던 어떤 임금과 같으니 ²⁴ 결산할 때에 만 달란트 빚진 자 하나를 데려오매 ²⁵ 갚을 것이 없는지라 주인이 명하여 그 몸과 아내와 자식들과 모든 소유를 다 팔아 갚게 하라 하니 ²⁶ 그 종이 엎드려 절하며 이르되 내게 참으소서 다 갚으리이다 하거늘 ²⁷ 그 종의 주인이 불쌍히 여겨 놓아 보내며 그 빚을 탕감하여 주었더니 ²⁸ 그 종이 나가서 자기에게 백 데나리온 빚진 동료 한 사람을 만나 붙들어 목을 잡고 이르되 빚을 갚으라 하매 ²⁹ 그 동료가 엎드려 간구하여 이르되 나에게 참아 주소서 갚으리이다 하되 ³⁰ 허락하지 아니하고 이에 가서 그가 빚을 갚도록 옥에 가두거늘 ³¹ 그 동료들이 그것을 보고 몹시 딱하게 여겨 주인에게 가서 그 일을 다 알리니 ³² 이에 주인이 그를 불러다가 말하되 악한 종아 네가 빌기에 내가 네 빚을 전부 탕감하여 주었거늘 ³³ 내가 너를 불쌍히 여김과 같이 너도 네 동료를 불쌍히 여김이 마땅하지 아니하냐 하고 ³⁴ 주인이 노하여 그 빚을 다 갚도록 그를 옥졸들에게 넘기니라 ³⁵ 너희가 각각 마음으로부터 형제를 용서하지 아니하면 나의 하늘 아버지께서도 너희에게 이와 같이 하시리라

마 18:23-35

CHAPTER 7

은혜 입은 자가
왜 용서하지 못하는가?

우리는 하나님의 은혜를 하나님이 더해 주신 선심 정도로 생각합니다. 나는 별로 필요하지 않은데 하나님이 선심을 베푸신 것이라 생각하는 것입니다. 또 나의 힘과 능력으로 할 수 있지만 하나님이 나의 부족분을 채워 주시는 것으로 생각합니다. 내가 열심히 해 보다가 필요하면 하나님께 요청해서 도움을 받는 정도로 은혜를 생각합니다.

그러나 우리 삶 전체는 하나님의 은혜로 된 것입니다. 하나님의 은혜가 아니라면 우리의 삶도 없습니다. 그중에서 최고의 은혜는, 우리의 과거와 현재와 미래의 모든 죄를 그리스도의 십자가를 통해 완전히 용서받은 것입니다. 하나님이 우리에게 베풀어 주신 최고의 은혜는, 우리의 죄를 용서하신 것입니다. 그리고 우리가 이 땅에서 살면서 다른 사람들에게 베풀 수 있는 최고의 은혜는 바로 그들을 용서하는 것입니다.

예수님은 산상수훈의 마지막 부분에서 "너희 원수를 사랑하며 너희를 박해하는 자를 위하여 기도하라 이같이 한즉 하늘에 계신 너희 아버지의 아들이 되리니"(마 5:44-45)라고 말씀하셨습니다. 이 말씀은 언뜻 이해하기 어렵습니다. 예수님의 십자가로 말미암아 이미 하나님의 자녀가 되는 권세를 주셨다 했는데, 원수를 사랑하고 핍박하는 사람을 위해 기도해야 하나님의 자녀가 된다고 말씀하시기 때문입니다. 이것을 풀이하면 이렇습니다.

"너희가 만일 너희 원수를 용서하는 상태에 이르게 된다면 하나님 아버지를 가장 닮은 자녀가 될 것이다. 하나님과 같이 온전한 자가 될 것이다. 하나님의 성품을 가장 닮은 자가 될 것이다."

예수님이 채찍에 맞으시고 피를 흘리시며 십자가에 달린 뒤 하신 말씀이 있습니다. 모두 일곱 마디인데 그중 첫마디가 "아버지여, 저들의 죄를 용서하소서"였습니다. 이 말씀은 다른 말씀과 달리 반복되는 시제로 기록되어 있는데, 이는 채찍에 맞을 때도 비아 돌로로사를 걸어가실 때도 그리고 십자가에 매달려 계실 때도 계속해서 "아버지여, 저들의 죄를 용서하소서" 하고 기도하셨음을 의미합니다.

내가 만일 아무 죄도 없이 모욕을 당하고 십자가를 메고 골고다 언덕을 올라야 했다면 "아버지여, 저들을 심판하소서" 하는 기도를 드렸을 것입니다. 사실 하나님의 공의에 비춰 봤을 때 그들은 불의한 자들이었습니다. 그리고 그렇게 불의한 자들을 심판해 달라고 한 기도가 잘못된 것도 아닙니다.

시편을 보면 얼마나 많은 탄원시가 나옵니까? 다윗은 악을 행하는 자들에게 억울하게 고난당할 때 "하나님, 살아 계시다면 저들을 판단해 주소서. 심판해 주소서"라고 탄원했습니다. 하나님은 다윗의 심정을 백분 이해하셨습니다. 그러나 하나님은 우리가 거기에 머물러 있기를 원하시지 않습니다. 우리가 더 나아가 예수 그리스도를 닮아 가기를 원하십니다. 예수님처럼 "아버지여, 저들의 죄를 용서하소서"라고 기도하기를 원하십니다.

이사야서를 보면 장차 오실 메시아가 하시는 일에 대해 명확하게 설명하고 있습니다.

> "그러므로 내가 그에게 존귀한 자와 함께 몫을 받게 하며 강한 자와 함께 탈취한 것을 나누게 하리니 이는 그가 자기 영혼을 버려 사망에 이르게 하며 범죄자 중 하나로 헤아림을 받았음이니라 그러나 그가 많은 사람의 죄를 담당하며 범죄자를 위하여 기도하였느니라"(사 53:12).

이 말씀의 마지막 부분을 보십시오. 많은 사람의 죄를 대신 지고 돌아가시는 것으로 끝나지 않고 그들이 용서받도록 중재하고 있습니다.

이 예언이 예수님의 가상칠언의 첫 번째 기도로 이뤄진 것입니다. "아버지여, 저들의 죄를 용서하소서." 예수님의 용서의 기도는 바로 응답됐습니다.

"아버지, 저들을 용서하소서"

복음서를 보면 아주 희한한 사건이 나옵니다. 예수님이 십자가에 달리실 때 함께 십자가형을 받은 강도 중 하나가 회심한 것입니다. "당신의 나라에 들어가실 때 저를 기억해 주십시오." 강도의 회심을 듣고 예수님은 "오늘 네가 나와 함께 낙원에 있을 것이다"라고 하십니다. 그 강도는 언제 변화됐을까요? 마가복음 15장을 보면, 예수님의 좌우편에 있던 강도들이 함께 예수님을 조롱하고 욕했습니다. '강도들'로 복수를 사용했습니다. 둘 다 그랬다는 뜻입니다. 그런데 누가복음 23장에서는, 그 중 한 강도가 갑자기 변화됩니다. 이 강도는 대체 언제 마음의 변화를 일으킨 걸까요?

예수님을 조롱하는 장면과 한 강도가 회심하는 장면 사이에 나오는 것이 예수님의 용서의 기도입니다. 그는 바로 옆에서 예수님의 입에서 나오는 용서의 기도를 들었을 것입니다. "아버지여, 저들의 죄를 용서하소서." 강도는 죽을죄를 져서 십자가에 못 박혔음에도 입에서는 욕이 나오고 조롱이 나왔습니다. 자신을 못 박는 자를 향해 저주하고 비난했을 것입니다. 세상을 향해서는 쓴 소리를 쏟아 냈을 것입니다. 그런데 죄 없이 십자가에 달린 예수 그리스도는 계속해서 용서의 기도를 선포하고 있습니다. 그의 마음에 파문이 일어나기 시작합니다. '도대체 그가 누구이기에 자신을 못 박는 자들을 용서한단 말인가?' 그 순간 성령이 임하여 그 마음에 변화를 일으키셨습니다.

사도행전을 보면 예수님을 닮은 또 한 분이 나옵니다. 스데반 집사입니다. 그는 예수님처럼 순교했습니다. 돌에 맞아 순교했습니다. 그 역시 예수님처럼 용서했습니다. 사도행전 6장을 보면, 자신을 돌로 치려고 모여든 수많은 사람 앞에 선 스데반의 얼굴을 이렇게 묘사합니다. "그 얼굴이 천사의 얼굴과 같더라"(행 6:15). 그리고 숨을 거두면서 그는 이렇게 기도했습니다. "주여 이 죄를 그들에게 돌리지 마옵소서"(행 7:60). 이런 용서의 기도가 어떻게 가능할까요? 스데반 집사가 언론을 의식해서, 자신의 모습과 말이 장차 성경에 기록될 것을 의식해서 천사 같은 얼굴 표정을 지었을까요? 속에서는 분노가 끓어오르는데, 겉모습만 천사의 얼굴처럼 포장했을까요? 그것은 불가능한 일입니다. 속에서부터 흘러나와야 합니다.

당신에게 돌을 던지려고 많은 군중이 모여 들었다면 과연 스데반처럼 천사의 얼굴을 할 수 있겠습니까? 두려움과 방어 속에서 어쩌면 그들과 비슷한 얼굴로 변할지도 모릅니다. 그들과 마찬가지로 분노하고 화를 냈을 것입니다. 그러나 스데반 집사는 천사 같은 얼굴로 그들을 용서하는 기도를 드렸습니다.

사도행전 7장 마지막 부분에 사울이라는 이름이 나옵니다. 스데반 집사를 돌로 친 증인들의 옷을 보관하고 맡았던 사람이 사울입니다. 그는 스데반 집사의 죽음을 당연히 여겼습니다. 그런 그가 성령의 역사로 변화되었을 때 가장 생각나는 사람이 누구였을까요? 아마도 스데반 집사였을 것입니다. 돌로 쳐 죽임을 당하면서도 천사의 얼굴을 하고 용서의 기도를 드리던 스데반 집사의 얼굴이 아마도 사도 바울의 신앙에 커다란 영향을 미쳤을 것입니다. 그렇지 않다면 사울이 스데반 집사의 죽음의 현장에 있었다는 기록을 굳이 하지 않았을 것입니다.

이처럼 하나님의 용서가 이 땅에 부어질 때, 하나님이 그냥 하늘에 계셔서 우리 인간을 향해 "내가 너희의 죄를 용서할게"라고 선포하시는 것이 아닙니다. 하나님의 용서는 우리의 죄를 무작정 덮어 주신 것이 아닙니다. 복음은 하늘에서 "너희 인간이 세상에서 죄를 많이 지었지만 내가 눈감아 줄게"라는 소식을 전하는 소리가 아닙니다. 하나님은 하늘에서 용서의 말씀만 하신 게 아닙니다. 친히 사람이 되어 우리의 모든 죄를 대신 짊어지고 십자가에 못 박혀서 그 죗값을 치르심으로써 우리를 용서하셨습니다.

예수님의 용서의 중재는 능력이 있습니다. 우리가 예수님의 이름으로 기도하는 것은 주문이 아닙니다. 하늘의 영광을 버리고 사람이 되심으로 우리가 담당할 모든 죗값을 친히 담당하신 예수님이시기에 예수님의 이름이 우리의 죄를 용서하시는 중재의 근거가 되는 것입니다.

"예수님의 이름으로 기도합니다."

우리가 예수님의 이름을 붙잡고 하나님께 나아갈 때, 하나님은 꼼짝 못하십니다. 하나님을 움직일 수 있는 유일한 비결은 우리의 선행이 아니요, 우리의 공로도 아니요, 어떤 성취도 아닙니다. 단 하나 예수 그리스도의 이름입니다. 그 이름 속에는 십자가의 희생이 담겨 있기 때문입니다.

이 십자가의 희생으로 우리는 하나님의 용서를 받을 수 있게 되었습니다. 만일 우리가 스데반 집사나 손양원 목사처럼 나를 죽이려 드는 자들에게 용서를 선포하고 죽을 수 있다면, 예수 그리스도를 가장 닮은 하나님의 자녀가 되는 것입니다. 하나님은 우리가 모두 그런 자리에 이르기를 원하십니다. 그것이 우리가 이 땅에 살면서 하나님의 은혜를 가장 깊이 체험할 수 있는 길이기 때문입니다.

왜 하나님은 "용서하라"고 말씀하십니까? 우리에게 억울한 것도 참을 것을 요구하신 겁니까? 아닙니다. 우리가 누군가를 용서하는 순간 우리에게 이미 베풀어 주신 하나님의 용서의 축복을 가장 잘 누릴 수 있기 때문입니다. 하나님을 가장 많이 닮은 성품이 우리에게 주어지기 때문입니다.

끊임없이 기도하면 언젠가는 원수가 나타납니다. 그럴 때 우리는 이렇게 반응합니다. "하나님, 제가 예수님을 닮아 가고 싶다고 기도했는데 왜 원수가 나타납니까?" 그러면 하나님은 이렇게 말씀하십니다. "네가 예수님 닮고 싶다고 하지 않았니? 원수를 만나야 네가 예수님을 닮은 게 드러나지."

사람은 시험이 필요합니다. 학생에게 반드시 시험이 필요하듯이 성도에게도 반드시 시험이 필요합니다. 그런데 마지막 종합시험이 원수가 나타나는 것입니다. 당신의 눈앞에 원수가 나타나면 '종합시험이구나. 졸업시험이구나'라고 생각하면 됩니다. 그 졸업시험을 통과하면 이제 하나님의 자녀다운 자녀가 됩니다.

자녀라고 다 같은 자녀가 아닙니다. 아버지의 마음을 모르고 배반하는 자녀도 있고, 아버지 속에 들어가 있는 것처럼 아버지를 닮은 자녀도 있습니다. 그저 간신히 구원 얻은 자로 끝나지 않고 더 나아가 예수님처럼, 스데반 집사처럼, 손양원 목사처럼 하나님을 가장 닮은 자녀가 되기를 축원합니다. 그것이 우리의 영적 목표입니다.

상담치유학자로 유명한 데이비드 씨맨즈(David A. Seamands)라는 사람이 있습니다. 나는 그를 만나 본 적은 없지만 그의 책을 읽고 얼마나 큰 은혜를 받았는지 모릅니다. 그는 특히 하나님의 은혜가 무엇인지, 우리에게 주어지는 치유가 어떤 것인지에 대해 많은 글을 썼는데, 정말 성경적이고 실제적이며 살아 있는 하나님의 임재가 느껴집니다.

그가 말하기를, 사람에게 일어나는 대부분의 정신적인 문제는 두 가지에 기원한다고 합니다. 첫째는, 하나님의 무조건적인 용서를 받아들이지 못했기 때문입니다. 둘째는, 누군가를 하나님의 용서로 용서하지 못했기 때문입니다. 만일 이 두 가지만 해결된다면 인간의 마음과 정신은 온전해질 것이라고 합니다.

용서받은 것을 믿어라

마태복음 18장 23-35절은 예수님이 1만 달란트 빚진 종을 비유한 이야기입니다. 왕이 결산할 때 1만 달란트를 빚진 종에게 빚을 갚으라고 합니다. 그러나 그 종은 빚을 갚을 능력이 없습니다. 당시는 빚을 갚지 못하면 가족까지 종으로 끌려갔으므로 종은 지금 매우 위급한 상황입니다. 종이 제발 살려 달라고 사정하자 은혜가 충만한 왕이 무려 1만 달란트를 탕감해 줍니다. 이런 왕이 다스리는 나라는 참으로 은혜의 나라입니다.

1만 달란트는 화폐 단위가 아니라 금, 은을 재는 단위입니다. 금 33kg이 한 달란트이니 1만 달란트는 33만 kg입니다. 최근의 금 시세라면 또 다르겠지만, 몇 년 전에 어느 학자가 이것을 당시의 금 시세로 환산하니까 무려 11조였습니다. 평생 벌어도 못 버는 돈입니다.

어떤 사람은 어떻게 종이 11조를 버느냐면서 시비를 겁니다. 그러나 이것은 비유입니다. 만들어진 이야기입니다. 그런 나라가 있다고 생각해 보라는 것입니다. 11조나 되는 빚을 왕이 탕감해 준 것입니다. 얼마나 좋은 나라입니까? 그런데 구약을 보면 이스라엘도 이렇게 좋은 나라가 될 수 있었습니다. 하나님이 만드신 율법 중에 안식년과 희년 제도가 있는데, 50년마다 한 번씩 돌아오는 희년이 되면 빚이 다 탕감되는 것입니다. 또 안식년에 면제해 주는 법도 있습니다.

그랬더니 어떤 사람은 이렇게 말했습니다. "신나겠다. 6년째까지는 막 빚을 내서 쓰다가 7년째 되면 이제 면제라고 선포하면 되잖아. 49년째까지는 막 쓰고 이제 희년이 되면 완전히 면제인 거잖아." 하지만 누가 그렇게 빌려 주겠습니까? '지금 빌려 주면 내년에는 희년이라 못 받는다'고 생각하면 누가 그렇게 원하는 대로 빌려 주겠습니까?

안식년과 희년제는 한편으로 공동체에서 자율 조정을 가능하게 하는 제도라 할 수 있습니다. 욕심에 따라 빌려 쓰고 싶어도 안식년과 희년을 의식해서 빌려 주는 사람도 빌려 쓰는 사람도 조심할 수밖에 없습니다. 또 안식년과 희년이 가까운데 돈을 빌려 줘야 한다면 그것은 못 받을 것을 각오해야 합니다. 관용이 통하는 사회가 되는 것입니다.

만약 구약의 율법이 그대로 시행되는 나라가 있다면 그 나라는 천국일 것입니다. 이 율법에는 용서의 나라, 은혜의 나라에 대한 하나님의 이상이 담겨 있습니다. 그러나 현실에서는 인간의 죄성으로 인해 온전히 실행되지 못했습니다. 그런 점에서 율법 자체는 선한 것입니다. 하나님의 이상이 담긴 것입니다.

종은 11조나 되는 엄청난 돈을 면제받았습니다. 그런데 그는 탕감받고 돌아가는 길에 전에 100데나리온을 빌려 준 다른 종을 만났습니다. 100데나리온은 우리 돈으로 500만 원 정도입니다. 11조나 탕감받은 종은 고작 500만 원 빚진 동료에게 빨리 갚으라고 다그치더니 급기야 감옥에 집어넣었습니다. 이런 불의가 어딨습니까?

그런데 이 사람이 바로 나와 당신이라면 어떻겠습니까? 예수님이 지금 무엇을 말씀하시는 것입니까? 1만 달란트는 평생 벌어도 벌 수 없는 돈입니다. 하나님은 왜 갚을 수 없는 수치로 말씀하셨을까요? 우리가 하나님 앞에서 지은 죄는 우리의 어떤 노력으로도 갚을 수 없는 죄라는 것입니다. 왜 빚으로 비유를 드셨을까요? 죄와 빚은 공통적인 특징이 있습니다. 갚지 않으면 절대 사라지지 않습니다. 그래서 죄를 빚으로 설명하신 것입니다.

예수 그리스도의 십자가로 인해서 하나님의 용서를 받은 우리는 다 하나님으로부터 1만 달란트를 탕감받은 사람들입니다. 여기서부터 출발하는 것입니다. 그렇다면 "내가 다른 사람을 용서해야 하는데, 잘 안 돼"라고 말할 수 없습니다. "누군가를 용서해야 하는데" 한다면 그것은 율법입니다. 율법을 떠올리기 전에 먼저 기억할 것은 이것입니다.

"내가 받은 은혜가 얼마나 큰 은혜인가?"

우리는 하나님의 은혜로 1만 달란트를 탕감받았습니다. 이것을 믿습니까? 여기서부터 시작해야 합니다.

종은 1만 달란트를 탕감받았음에도 불구하고 왜 500만 원을 빚진 자를 용서하지 못하고 감옥에 집어넣었을까요? 두 가지 가능성이 있습니다. 첫째는, 진짜 악으로 가득 찬 사람이기 때문입니다. 이기적이고 자기중심적이며 욕심이 가득한 사람인 것입니다. 그런데 그런 사람이 아니라면 우리가 상상할 수 있는 두 번째 가능성은, 이 종은 왕이 11조를 탕감했다고 말했지만 그 말을 믿지 않은 것입니다. "믿을 수 없어. 설마 말만 저렇게 하는 거겠지. 실제로는 돈을 끝까지 받아 내겠지."

당신은 1만 달란트를 탕감받은 죄인입니까? 하나님으로부터 정말 평생 갚아도 갚을 수 없는 1만 달란트를 탕감받았습니까? 그렇다면 왜 다른 사람을 용서할 수 없습니까? 당신이 진짜 악으로 가득 찬 사람이라서 용서할 수 없는 겁니까? 아니라면 하나님께 1만 달란트를 탕감받았다는 사실을 믿지 않는 겁니까?

아마 우리가 다른 사람을 용서할 수 없는 이유는 후자일 것입니다. 그러므로 우리가 누군가를 용서해야 한다고 생각하기 전에, 먼저 초점을 둬야 할 것이 있습니다. 그리스도 안에서 하나님이 십자가로 우리를 용서하신 것이 나에게 확신으로, 능력으로, 은혜로 체험되는 것입니다. 사람은 받아 보지 않은 것을 절대 줄 수 없습니다. 사랑을 경험해 보지 못한 사람은 사랑을 나눠 줄 수 없습니다. 용서를 받아 보지 못한 사람은 다른 사람을 용서할 수 없습니다. 큰 사랑을 받은 사람은 크게 용서할 수 있습니다. 크게 은혜를 체험한 사람은 크게 은혜를 베풀 수 있습니다. 내가 누군가에게 은혜와 용서를 베풀지 못한다면, 내가 1만 달란트를 탕감받았지만 탕감받았다고 여기지 않을 가능성이 많은 것입니다. 나에게 이미 베풀어 주신 하나님의 은혜가 얼마나 크고 놀라운지를 믿고 있지 않는 것입니다. 머리로는 압니다. "하나님이 나를 용서하셨어. 그리스도 안에서 나는 의롭게 되었어." 하지만 여기까지인 것입니다.

수많은 말씀을 통해 "내가 너희를 용서한다"라는 말을 들었지만 거기서 끝나는 것입니다. 받아들이지 않는 것입니다. 왕이 "내가 너의 빚을 탕감했다"고 선포했지만, "아, 그러세요?" 하고 돌아가는 것입니다. 그것이 나에게 놀라운 은혜로 체험되지 않기 때문에 용서가 흘러 나가지 않는 것입니다. 먼저 우리에게 주어진 완전한 하나님의 용서를 믿으시기 바랍니다.

용서하기로 먼저 결단하라

시편 103편은 죄에 대한 완전한 용서를 약속하고 있습니다.

"동이 서에서 먼 것같이 우리의 죄과를 우리에게서 멀리 옮기셨으며"
(시 103:12).

동쪽이 서쪽에서 얼마나 멉니까? 동쪽에서 시작해서 서쪽을 향해 갑니다. 계속 서쪽을 향해서 가지만, 서쪽은 어디에 있습니까? 서쪽에 가 있습니다. 만날 수 없습니다. 하나님은 이렇게 만날 수 없도록 우리의 죄를 멀리 옮기신 것입니다.

> "나 곧 나는 나를 위하여 네 허물을 도말하는 자니 네 죄를 기억하지 아니하리라"(사 43:25).

나는 이 말씀이 너무나 놀랍습니다. "기억하지 않겠다." 하나님이 우리 죄를 용서하시되 언제까지, 어느 때까지 용서하시냐면 기억하지 아니할 때까지 용서하십니다.

지상에서 많은 죄를 지어서 부끄럽습니다. 용기 내어 하나님 앞에 나갔지만 너무 부끄러워 얼굴을 들지 못하겠습니다. 그런데 가만히 예수님의 얼굴을 보니까 내 죄를 모르시는 것 같습니다. 나는 내 죄를 기억하고 예수님 앞에서 부끄러워 얼굴조차 들 수 없는데, 예수님을 보니까 모르시는 눈치입니다.

"예수님, 있잖아요. 제가 그때요…."

"뭐? 무슨 얘기를 하는 건데?"

예수님은 능청맞아서 그러시는 게 아니라 기억하지 않겠다는 말씀대로 하나님의 능력으로 기억에서 완전히 지워 버리신 것입니다. 천국에 갔는데 내가 지은 죄를 하나님이 다 기억하고 계시다면 그게 천국이겠습니까?

우리는 이 땅에서 죄를 용서받았지만 그 죄가 늘 기억 속에 남아 있습니다. 이것이 문제입니다. 그러나 하나님은 우리의 죄를 용서하시고 기억하지 않겠다고 하십니다. 그 말씀에 따라 우리의 기억에서도 우리 죄가 완전히 사라지기를 바랍니다. 적절한 망각은 하나님의 은혜입니다. 하나님은 필요하실 때 우리의 기억에서 우리의 죄를 다 잊어버리게 하십니다.

> "다시 우리를 불쌍히 여기셔서 우리의 죄악을 발로 밟으시고 우리의 모든 죄를 깊은 바다에 던지시리이다"(미 7:19).

과학이 발달한 이 시대에도 깊은 바다에 빠진 것은 찾기 어렵습니다. 당시에는 완전히 불가능했습니다. 다른 성경 구절을 보면 우리의 죄를 하나님의 등 뒤로 보내셨다는 표현이 나옵니다(사 38:17). 우리의 죄를 용서하신 다음에 등 뒤로 보내셨습니다. 하나님이 어디 있나 살펴보려고 돌아보시면 또 등 뒤에 가 있는 것입니다. 하나님도 찾지 못하게 만드신다는 것입니다.

왜 이런 완전한 용서가 주어졌습니까? 예수님이 십자가상에서 흘리신 그 피로 이렇게 선언하셨기 때문입니다. "다 이루었다." 헬라어로는

'테텔레스타이'인데, 당시 금전 거래를 할 때 영수증에 쓰던 단어라고 합니다. '모든 것이 지불되었다, 모든 빛이 청산되었다'는 뜻입니다.

그리스도의 십자가는 우리의 모든 죄가 지불되었고, 하나님의 완전한 용서의 약속이 반드시 이뤄진다는 하나님의 영수증입니다. 십자가를 바라볼 때 우리는 하나님의 영수증을 바라보는 것입니다.

이런 완전한 용서가 있음에도 불구하고 왜 우리는 그 용서를 체험하고 누리지 못할까요? 두 가지 이유 때문에 그렇습니다.

첫째로, 용서를 받더라도 죄의 결과는 치러야 한다는 것을 받아들이기 힘들어하기 때문입니다. 다시 말해 용서받으면 죄의 결과도 없어지기를 바라기 때문입니다. 우리가 용서받은 것은 영원한 죄의 형벌로부터 용서받은 것이지, 내가 지은 죄의 결과까지 사라지는 것은 아닙니다. 이것을 기억해야 합니다. 때로는 하나님이 죄의 결과까지 제거해 주실 수도 있습니다. 그것은 특별한 하나님의 은혜입니다. 그러나 일반적으로 죄의 결과를 맛보게 하십니다. 그럼으로써 또 다른 죄를 막으시는 것입니다.

둘째로, 스스로 죄책감을 느끼는 것이 마땅하다고 믿기 때문입니다. '내가 죄책감을 느끼는 것은 마땅한 일이다. 당연한 것이다'라고 생각하는 것입니다. 돌아온 작은아들이 "아들이라 일컬음을 받지 못하겠습니다. 나는 자격이 없습니다"라고 말하는 게 맞는 것 같지만, 완전한 용서를 허락하신 하나님 아버지의 관점에서 보면, 그것은 교만입니다.

C. S. 루이스는 "하나님의 완전한 용서를 바라지 않는 것은 스스로 하나님 위에 있는 재판관이 되려고 하는 것이다"라고 했습니다. 교만해서 하나님의 완전한 용서가 내 안에 임하지 못하게 하는 것입니다. 그러므로 다른 사람을 용서하지 않는 사람은 그 안에 교만이 있는 것이고, 그 이면에 죄책감이 있는 것이고, 하나님의 완전한 용서를 받아들이지 않는 거부감이 있는 것입니다. 사람들은 내가 직접 값을 치러야 믿겠다는 교만 때문에 은혜를 은혜로 받아들이지 못하는 것입니다.

은혜는 성취가 아니라 선물입니다. 그리스도 예수 안에서 다 이뤄진 것입니다. 세상의 모든 종교를 한 단어로 표현하면 'do'입니다. '무엇을 하라. 그러면 너희에게 용서가 주어질 것이다'라는 뜻입니다. 그러나 우리가 믿는 도는 영어로 표현하면 'done'입니다. 다 이뤄진 것입니다. 다 이뤄진 것을 선물로 받는 것입니다. 내가 먼저 지불한 것으로 나중에 보상받는 'insurance'(보험)가 아니라 'assurance', 즉 확신입니다. 믿음으로 받아들이는 것입니다.

많은 사람이 다른 사람을 용서하지 못합니다. "저 사람이 회개하지 않는데 내가 어떻게 용서하느냐. 내가 용서하는 것은 저 사람을 방임하고 묵인하는 것 아니냐"라고 말합니다. 그러나 그렇지 않습니다. 인간의 용서는 그 사람의 변화와 상관없이 할 수 있는 것입니다. 심지어 나의 감정과도 상관없이 할 수 있습니다.

용서에는 결단의 용서와 감정의 용서가 있습니다. 우리가 쉽사리 용서하지 못하는 것은 먼저 감정이 말끔히 해결되기를 원하기 때문입니다. 하나님은 이 결단의 용서와 감정의 용서가 한꺼번에 되시는 분입니다. 그분은 죄가 없으시니까요. 그런데 우리는 죄 때문에 결단과 감정이 항상 다릅니다. 우리가 결단한 대로 감정이 됩니까? 안 됩니다. 죄가 우리를 분열시킨 것입니다. 세상의 모든 사람은 어느 정도는 다 정신분열자입니다. 머리와 마음이 따로 놀고, 결단과 감정이 따로 놉니다. 그러나 성령님이 함께하시면 놀랍게도 감정의 용서까지 나갈 수 있도록 변화시켜 주십니다. 긍정적인 감정이 생기기까지 기다리지 말고 부정적인 감정이 있을지라도 결단의 용서를 하십시오.

하용조 목사님은 "용서는 천성이 아니라 습관"이라고 했습니다. 천성적으로 용서할 수 있는 사람은 아무도 없습니다. 다만 결단함으로 용서하기로 순종할 때 그것이 습관이 되어 감정의 용서까지 나아갈 수 있는 것입니다.

"너희가 각각 마음으로부터 형제를 용서하지 아니하면 나의 하늘 아버지께서도 너희에게 이와 같이 하시리라"(마 18:35).

무서운 말씀이죠. 이 말씀을 해석하려면 예수님이 산상수훈에서 하신 말씀을 기억해야 합니다.

"너희가 사람의 잘못을 용서하면 너희 하늘 아버지께서도 너희 잘못을 용서하시려니와 너희가 사람의 잘못을 용서하지 아니하면 너희 아버지께서도 너희 잘못을 용서하지 아니하시리라"(마 6:14-15).

이 말씀을 보면 우리가 하나님의 용서를 받는 것이 조건처럼 보입니다. 그러나 용서에는 또 다른 두 가지 종류가 있다는 것을 기억해야 합니다. 우리가 하나님의 자녀가 되는 용서가 있고, 하나님 아버지를 닮아가고 하나님과 친밀함을 누리는 데 필요한 용서가 있습니다. 여기서 말씀하시는 용서는 두 번째입니다.

우리가 다른 사람의 죄를 용서해야만 하나님께 용서받고 하나님의 자녀가 될 수 있다면, 이 세상에서 하나님의 자녀가 될 수 있는 사람이 몇 명이나 될까요? 여기서는 그런 용서가 아니라, 하나님과 친밀함을 나누는 데 필요한 용서를 말합니다. 하나님의 용서를 깊이 체험하고 하나님의 은혜를 깊이 누리는 데 필요한 용서입니다.

내가 다른 사람을 50퍼센트만 용서하면 놀랍게도 내가 하나님의 용서를 50퍼센트밖에 누리지 못합니다. 두 관계가 서로 연결되어 있기 때문입니다. 누군가에게 열 가지 용서할 게 있는데 두 가지만 용서하면, 놀랍게도 나는 하나님의 용서를 두 개밖에 못 누리는 사람처럼 살아갑니다. 내가 만일 10개를 다 용서할 수 있다면 하나님의 용서를 10개 다 누릴 수 있습니다.

하나님의 용서의 은혜를 날마다 깊이 체험할 수 있는 비결은, 다른 사람을 용서하는 것입니다. 우리가 다른 사람을 용서하는 영적 습관을 향해 순종함으로 나아갈 때, 그리스도 안에서 나에게 이미 베풀어 주신 그 사랑과 은혜가 흘러넘칩니다. 하나님의 용서가 나를 통해 흘러가는, 용서의 은혜의 통로가 되기를 바랍니다.

은혜는 용서의 열매를 낳습니다. 1만 달란트를 탕감받은 우리가 1만 달란트 이하의 모든 빚을 다 탕감하게 되기를 바랍니다. 이것이 우리에게 마땅히 있어야 할 영적 습관입니다.

우리가 예수님의 이름을 붙잡고 하나님께 나아갈 때, 하나님은 꼼짝 못하십니다. 하나님을 움직일 수 있는 유일한 비결은 우리의 선행이 아니요, 우리의 공로도 아니요, 어떤 성취도 아닙니다. 단 하나 예수 그리스도의 이름입니다.

⁸ 보아스가 룻에게 이르되 내 딸아 들으라 이삭을 주우러 다른 밭으로 가지 말며 여기서 떠나지 말고 나의 소녀들과 함께 있으라 ⁹ 그들이 베는 밭을 보고 그들을 따르라 내가 그 소년들에게 명령하여 너를 건드리지 말라 하였느니라 목이 마르거든 그릇에 가서 소년들이 길어 온 것을 마실지니라 하는지라 ¹⁰ 룻이 엎드려 얼굴을 땅에 대고 절하며 그에게 이르되 나는 이방 여인이거늘 당신이 어찌하여 내게 은혜를 베푸시며 나를 돌보시나이까 하니 ¹¹ 보아스가 그에게 대답하여 이르되 네 남편이 죽은 후로 네가 시어머니에게 행한 모든 것과 네 부모와 고국을 떠나 전에 알지 못하던 백성에게로 온 일이 내게 분명히 알려졌느니라 ¹² 여호와께서 네가 행한 일에 보답하시기를 원하며 이스라엘의 하나님 여호와께서 그의 날개 아래에 보호를 받으러 온 네게 온전한 상 주시기를 원하노라 하는지라 ¹³ 룻이 이르되 내 주여 내가 당신께 은혜 입기를 원하나이다 나는 당신의 하녀 중의 하나와도 같지 못하오나 당신이 이 하녀를 위로하시고 마음을 기쁘게 하는 말씀을 하셨나이다 하니라 ¹⁴ 식사할 때에 보아스가 룻에게 이르되 이리로 와서 떡을 먹으며 네 떡 조각을 초에 찍으라 하므로 룻이 곡식 베는 자 곁에 앉으니 그가 볶은 곡식을 주매 룻이 배불리 먹고 남았더라 ¹⁵ 룻이 이삭을 주우러 일어날 때에 보아스가 자기 소년들에게 명령하여 이르되 그에게 곡식 단 사이에서 줍게 하고 책망하지 말며 ¹⁶ 또 그를 위하여 곡식 다발에서 조금씩 뽑아 버려서 그에게 줍게 하고 꾸짖지 말라 하니라 ¹⁷ 룻이 밭에서 저녁까지 줍고 그 주운 것을 떠니 보리가 한 에바쯤 되는지라 ¹⁸ 그것을 가지고 성읍에 들어가서 시어머니에게 그 주운 것을 보이고 그가 배불리 먹고 남긴 것을 내어 시어머니에게 드리매 ¹⁹ 시어머니가 그에게 이르되 오늘 어디서 주웠느냐 어디서 일을 하였느냐 너를 돌본 자에게 복이 있기를 원하노라 하니 룻이 누구에게서 일했는지를 시어머니에게 알게 하여 이르되 오늘 일하게 한 사람의 이름은 보아스니이다 하는지라 ²⁰ 나오미가 자기 며느리에게 이르되 그가 여호와로부터 복 받기를 원하노라 그가 살아 있는 자와 죽은 자에게 은혜 베풀기를 그치지 아니하도다 하고 나오미가 또 그에게 이르되 그 사람은 우리와 가까우니 우리 기업을 무를 자 중의 하나이니라 하니라 ²¹ 모압 여인 룻이 이르되 그가 내게 또 이르기를 내 추수를 다 마치기까지 너는 내 소년들에게 가까이 있으라 하더이다 하니 ²² 나오미가 며느리 룻에게 이르되 내 딸아 너는 그의 소녀들과 함께 나가고 다른 밭에서 사람을 만나지 아니하는 것이 좋으니라 하는지라 ²³ 이에 룻이 보아스의 소녀들에게 가까이 있어서 보리 추수와 밀 추수를 마치기까지 이삭을 주우며 그의 시어머니와 함께 거주하니라

룻 2:8-23

CHAPTER 8

은혜 베푸신다면서
왜 시련을 주시는가?

야고보서에는 두 가지 시험이 나옵니다. 첫째는 인내와 연단으로 성숙에 이르는 시험입니다. 우리는 이것을 '시련'(test)이라고 부르기도 합니다.

"시험을 참는 자는 복이 있나니 이는 시련을 견디어 낸 자가 주께서 자기를 사랑하는 자들에게 약속하신 생명의 면류관을 얻을 것이기 때문이라"(약 1:12).

둘째는 자기 욕심에 이끌려 빠지는 시험입니다. 우리는 이것을 '유혹'(temptation)이라고 부릅니다.

> "오직 각 사람이 시험을 받는 것은 자기 욕심에 끌려 미혹됨이니"(약
> 1:14).

유혹은 자기 욕심에 이끌려 받는 시험이며 하나님과 상관이 없는 시험입니다. 반면에 시련은 하나님의 특별한 계획에 따라 우리를 더 성숙시키는 시험입니다.

> "사람이 시험을 받을 때에 내가 하나님께 시험을 받는다 하지 말지니
> 하나님은 악에게 시험을 받지도 아니하시고 친히 아무도 시험하지 아
> 니하시느니라"(약 1:13).

위 말씀은 하나님과 상관이 없는 시험인 유혹을 의미합니다. 그렇다면 하나님의 특별한 계획 아래 당하는 시험, 즉 시련은 구체적으로 어떤 것일까요?

우리는 내가 기대하는 일을 통해서 하나님이 은혜 베푸시길 원하지 시련을 통해 은혜를 받고 싶어 하지 않습니다. 그럼에도 이 시련을 인내하고 연단받은 사람은 이전에 알지 못하던 하나님의 놀라운 은혜를 경험하는 것을 봅니다.

왜 은혜가 놀라운 은혜가 되지 못합니까? 하나님이 주시는 시련을

믿음으로 잘 인내하고 감당하지 않기 때문입니다. 시련을 당하여 하나님을 원망하고 불평하며 때로 회피함으로써 시련을 통한 은혜를 받지 못하기 때문입니다. 그러나 하나님의 은혜는 도무지 내가 감당할 수 없을 것 같은 시련을 통해 다가올 때가 있습니다. 하나님은 때로 마치 나를 버리신 것 같은, 전혀 돌보지 않는 것 같은 상황으로 몰아넣기도 합니다.

롯기는 이런 최악의 상황으로 내몰린 여인의 이야기입니다. 우리는 롯기를 통해 그렇게 최악의 순간에도 은혜 베풀기 원하시는 하나님을 볼 수 있어야 합니다.

나오미가 당한 시련

구약성경 중에서 히브리어로 된 가장 아름다운 문학책을 꼽으라면 아마 롯기가 아닐까 합니다. 총 4장 분량의 짧은 이야기지만 롯기에는 우리 인생의 모든 희로애락이 담겨 있습니다. 뿐만 아니라 사람들이 가장 흥미 있어 하는 로맨스도 있습니다. 거기에 특이하게도 시어머니와 며느리 간의 아름다운 이야기도 있습니다.

어느 교회 수요예배 설교 제목이 '시어미 오나 겁 없네'였습니다. 처음엔 오타가 났나 했는데 그 교회 목사님이 워낙 재밌고 독특한 분이라 그럴 만하다고 고개를 끄덕인 적이 있습니다. 룻기는 이 독특한 제목처럼 시어머니가 와도 겁이 하나도 나지 않는 아름다운 고부관계를 그리고 있습니다.

룻기는 사사시대를 배경으로 합니다. 사사시대는 이스라엘이 수백 년 동안 하나님의 주권을 인정하지 않고 자기 소견에 옳은 대로 행했던 시대입니다. 마치 하나님이 인류 역사에 아무런 관심도 없는 것처럼 혼란스럽던 시대였습니다.

사사시대에 흉년이 들었습니다. 베들레헴에 엘리멜렉이라는 경건한 사람이 살았습니다. '베들레헴'은 '빵집'(베이트: 집, 레헴: 빵)이라는 뜻입니다. 다시 말해 '떡집'이라는 뜻입니다. 그 떡집에 생명의 떡이신 예수님이 오신 것입니다.

경건한 사람 엘리멜렉은 '하나님이 나의 왕이시다'라는 뜻을 가지고 있습니다. 그의 부인이 나오미입니다. 엘리멜렉과 나오미는 두 아들을 데리고 극심한 흉년을 피해 모압 땅으로 이주하게 됩니다. 그들은 물론 베들레헴을 떠나고 싶지 않았지만 어쩔 수 없는 선택이었습니다. 어떤 사람들은 이들 가족이 모압으로 이주했기 때문에 흉년보다 더 큰 불행을 당했다고 해석하기도 하는데, 생명을 보전하고자 떠난 이주를 비난할 수는 없다고 생각합니다. 모압은 역사적으로 이스라엘과 아주 깊은 원한 관계에 있는 땅입니다. 그런 곳으로 이주할 정도라면 이스라엘의 기근이 아주 심각했음을 알 수 있습니다.

그들은 한때 잘사는 것 같았습니다. 두 아들은 모압 여인과 결혼하기까지 했습니다. 그러나 행복도 잠시 엘리멜렉과 두 아들이 동시에 죽고 집에는 졸지에 과부가 된 세 여인만 남게 되었습니다. 기근보다 더 심각한 시련이 닥친 것입니다.

이것을 시련이라고 할 수 있는 이유는, 인생의 죽음은 의도적인 죽음이 아닌 이상 하나님이 주신 시련이기 때문입니다. 생명은 하나님께 속한 것이기 때문입니다. 그런데 인간이 어찌할 수 없는 하나님의 가장 깊은 손길은 바로 죽음을 통해서 다가옵니다.

고대 근동은 철저하게 남성 중심의 사회였습니다. 여성은 당시 사회에서 하나의 인격체로 인정받지 못했기 때문에 어떤 법적인 활동도 경제활동도 할 수 없었습니다. 따라서 당시 남편을 잃은 부인의 고통은 오늘날과 비교할 수 없는 고통이었고 시련이었습니다. 그래서 구약성경은 특별히 고아와 과부를 불쌍히 여길 것을 명령했습니다. 과부는 당시 사회에서 가장 약자였고 가장 불쌍한 사람이었습니다. 더구나 나오미는 이방 땅에서 남편과 자식을 잃었으니 그 고통은 이루 말할 수 없는 것이었습니다.

마침내 이스라엘에서 흉년이 지나갔다는 소식이 들리자, 나오미는 고향으로 돌아가기로 마음먹습니다. 그리고 과부가 된 두 며느리에겐 모압 땅에 남을 것을 권합니다. 이방 여자가 살아가기엔 베들레헴이 만만찮아서였는지, 아니면 고향땅에서 새 출발하기를 바라서였는지 그 이유는 알 수 없지만 나오미는 혼자 고향으로 돌아가려고 한 것입니다.

그런데 이때 룻이라는 며느리가 "어머니의 백성이 나의 백성이 되고 어머니의 하나님이 나의 하나님이 되시리니"(룻 1:16) 하면서 나오미를 따라 베들레헴으로 돌아갈 것을 고집합니다. 그리하여 나오미는 룻을 데리고 고향땅으로 돌아오게 됩니다.

그러나 고향에 돌아왔다고 고통이 사라지는 것은 아니었습니다. 사람들은 "고향을 버리고 떠나더니 먹고살려고 다시 돌아왔구나" 하며 수군거렸습니다. 하지만 나오미를 괴롭힌 것은 사람들의 냉랭한 시선도, 과부가 되어 먹고살 길이 막막한 처지도 아니었습니다. 나오미를 깊이 절망하게 한 것은 '하나님의 징벌을 받았다'는 깊은 상실감이었습니다.

"여호와께서 나를 징벌하셨고 전능자가 나를 괴롭게 하셨거늘"(룻 1:21).

그런 까닭에 나오미는 '기쁨'이라는 뜻의 자기 이름을 버리겠다고 선언합니다. 대신 '괴로움'을 뜻하는 '마라'라고 불러 달라고 말합니다.

"나를 나오미라 부르지 말고 나를 마라라 부르라 이는 전능자가 나를 심히 괴롭게 하셨음이니라"(룻 1:20).

사람들은 감당할 수 없는 시련을 당하면 자기를 저주합니다. 나오미도 자신을 '마라'라고 저주하고 있습니다. 하나님이 괴롭게 한 인생이라며 자신을 저주합니다.

나오미가 하나님을 "전능자"라고 고백한 것을 보면 그는 신앙이 두터운 여인인 듯합니다. 나오미는 견딜 수 없는 시련을 당했지만 하나님의 관점에서 이 사건을 해석하고 있습니다. 나오미의 이 같은 신앙 때문에 하나님이 이 가정을 택하셨다고 생각합니다.

시련은 아무한테나 닥치지 않습니다.

> "사람이 감당할 시험 밖에는 너희가 당한 것이 없나니 오직 하나님은 미쁘사 너희가 감당하지 못할 시험 당함을 허락하지 아니하시고 시험 당할 즈음에 또한 피할 길을 내사 너희로 능히 감당하게 하시느니라"
>
> (고전 10:13).

하나님은 고난 속에서 완전히 무너질 가정에는 시련을 통한 특별한 계획을 갖지 않으십니다. 시련을 당했을 때 하나님 앞에 나와 울부짖을 수 있는 사람에게 하나님은 특별한 계획을 가지십니다. 그 과정에서 때로 원망하고 불평하기도 하지만, 모든 문제를 하나님께 의논하고 간구할 때 하나님은 시련을 통해 특별한 은혜를 주십니다.

지금 나오미는 도무지 이 시련이 해석되지 않습니다.

"하나님, 어떻게 이러실 수 있습니까? 우리 남편 엘리멜렉은 '하나님은 나의 왕이시다'고 고백하며 이름대로 살았는데 어떻게 모압 땅에서 숨을 거둘 수 있습니까? 더구나 두 아들까지 어떻게 거둬 가실 수 있단 말입니까? 어떻게 제게 이런 고통을 주시는 겁니까?"

그럼에도 나오미의 고백을 통해 그가 적어도 세 가지 사실을 믿었음을 알 수 있습니다.

첫째, 나오미는 하나님이 살아 계심을 믿었습니다.

둘째, 살아 계신 하나님은 전능하시다는 사실을 믿었습니다.

셋째, 전능하신 하나님이 모든 것을 다스리심을 믿었습니다.

그런데 나오미가 믿지 않은 것이 하나 있습니다. 바로 이 세 가지 문장을 하나로 요약하여, '살아 계신 하나님은 이 모든 상황 가운데서도 전능한 능력으로 다스리고 계신다'는 사실이었습니다. 나오미는 하나님은 살아 계시고, 전능하시며, 이 모든 고난과 시련을 주신 분이라는 사실을 믿었지만 이것을 하나로 통합해서 믿는 믿음이 없었습니다. 다시 말해 '내게 닥친 이 시련 속에서도 하나님은 모든 것을 다스리시고, 전능하시다'라는 믿음이 없었던 것입니다. 만일 이 믿음이 있었다면 시련 중에도 나오미는 놀라운 하나님의 은혜를 경험했을 것입니다. 그러나 나오미의 믿음은 아직 거기에까지 이르지 못했습니다. 그런 까닭에 이 시련이 해석되지 않아 괴롭고 고통스러웠던 것입니다.

시련의 다른 이름, 은혜

이런 나오미에게 하나님의 은혜로 주어진 사람이 있습니다. 바로 모압 여인 룻입니다. 룻은 말도 다르고 문화도 다른 이방 여인이어서 베들레헴으로 돌아가는 나오미에게는 어쩌면 달갑지 않은 존재였을지도 모릅니다. 어쩌면 룻으로 인해 이방 여인을 며느리로 맞았다고 고향 사람들의 비난을 받을지도 모릅니다. 그런데도 룻은 굳이 시어머니를 따라나섰습니다.

우리는 여기서 하나님이 사람을 데려가심으로 시련을 주시면 또 다른 사람을 통해서 은혜를 주신다는 사실을 발견하게 됩니다. 욥도 그의 가족과 모든 소유를 잃어버리는 시련을 당했으나 하나님은 나중에 욥이 잃어버린 가족과 모든 소유를 더 크게 채워 주셨습니다.

하나님이 주신 시련은 우리가 마음속에 계획한 꿈을 깨뜨려 버리기도 합니다. 하지만 하나님은 시련을 통해 우리가 계획한 꿈보다 더 큰 꿈을 주십니다.

나오미는 남편과 두 아들과 함께 행복한 일가를 이루는 꿈을 꾸었을 것입니다. 그러나 한순간에 그 모든 꿈이 물거품이 되어 버렸습니다. 그런 나오미에게 하나님은 룻을 통해 그보다 더 큰 꿈을 꾸게 하십니다. 하나님의 고통스럽고 쓰디쓴 섭리가 룻을 통해 마침내 달콤한 섭리로 바뀌는 것입니다.

롯의 이야기에는 당시의 사회적 배경이 잘 나타나 있습니다. '기업 무를 자'라는 표현도 그중 하나입니다. 히브리어로는 '고엘', 영어로는 'redeemer'(구속자)로서, 이는 남편을 먼저 저세상으로 보낸 여인의 경우, 생계를 이을 방법이 없기 때문에 죽은 남편과 가장 가까운 친척 중에서 순서대로 그 여인을 책임지는 것을 말합니다. 여인과 결혼함으로써 남편의 재산으로 여인이 보호받을 수 있도록 하는 것입니다. 그러나 그 사이에서 자식을 낳으면 자녀는 죽은 남편의 자손이 됩니다.

현대인들로선 도무지 이해할 수 없는 제도이지만, 아무런 권리도 없는 여자를 보호하기 위한 어떤 제도도 없던 당시에는 최선의 방법이었는지도 모릅니다. 여인을 보호하고 가문을 이어 가기 위한 방법이었던 것이죠.

하나님은 나오미와 롯에게 '기업 무를 자'를 만나도록 섭리하셨습니다. 바로 보아스입니다. 롯은 일꾼들이 거두지 않은 곡식을 주우러 우연히 밭에 갔다가 보아스와 대면하게 됩니다. 마침 그 밭은 보아스 소유의 밭이었던 것입니다. 여기서 우리는 하나님의 달콤한 은혜의 손길을 발견할 수 있습니다. 이 우연처럼 보이는 두 사람의 만남은 사실 하나님의 놀라운 은혜였던 것입니다.

나오미에게 롯이 어찌 남편과 두 아들에 비할 수 있겠습니까? 하지만 하나님이 함께하시면 남편과 두 아들도 가져다주지 못한 하나님의 은혜의 손길을 이방 여인 롯을 통해 받게 됩니다.

이제 룻과 보아스가 농장에서 만납니다. 룻기 2장은 보아스가 룻을 보고 자비를 베푸는 내용입니다. 룻은 이방 여인인지라 금방 눈에 띄었습니다. 보아스는 종들에게 지시합니다.

"저 여인을 잘 보호하라. 절대 건드리지 마라. 그리고 그 여인이 지나갈 때 너희는 그 앞에서 이삭을 다 추수하지 말고, 일부러 좀 흘려라."

보아스는 얼마나 배려 있는 사람입니까? 식사 때가 되자 보아스는 룻을 불러 같이 먹게 합니다. 여기까지 보면 보아스가 어떤 음흉한 마음을 품고 룻에게 접근한 게 아닌가 의심할 수도 있습니다. 하지만 이어지는 내용을 보면 보아스는 성숙한 사람으로서 룻을 한 여인으로 대했다기보다 율법을 실천한 것으로 볼 수 있습니다. 레위기에서 "너희가 너희의 땅에서 곡식을 거둘 때에 너는 밭 모퉁이까지 다 거두지 말고 네 떨어진 이삭도 줍지 말며 네 포도원의 열매를 다 따지 말며 네 포도원에 떨어진 열매도 줍지 말고 가난한 사람과 거류민을 위하여 버려두라"(레 19:9-10)고 명령했기 때문입니다. 하나님은 왜 떨어진 이삭을 줍지 말라고 하셨습니까? 가난한 사람들, 나그네, 고아와 과부들이 떨어진 이삭을 주워서 먹고살게 하려고 그렇게 하신 것입니다. 보아스는 지금 이 말씀을 지키고 있는 것입니다.

또한 보아스는 룻에 관한 소문을 들었습니다. 룻이 시어머니 나오미를 따라 이방 땅인 베들레헴에 왔다는 소문을 들은 것입니다. 룻에게 나오미는 이방 여인입니다. 그리고 베들레헴은 이방 땅입니다. 그랬기에 룻이 시어머니 나오미를 따라나선 일은 결코 쉬운 결정이 아니었습니다. 보아스는 이 점에 주목한 듯합니다.

> "네 남편이 죽은 후로 네가 시어머니에게 행한 모든 것과 네 부모와 고국을 떠나 전에 알지 못하던 백성에게로 온 일이 내게 분명히 알려졌느니라 여호와께서 네가 행한 일에 보답하시기를 원하며 이스라엘의 하나님 여호와께서 그의 날개 아래에 보호를 받으러 온 네게 온전한 상 주시기를 원하노라"(룻 2:11-12).

보아스는 룻의 헌신에 감동해서 하나님이 보상해 주실 것을 축복하고 있습니다. 그런데 보아스는 룻이 베들레헴에 온 것을 어떻게 해석하고 있습니까? '여호와의 날개 아래에 보호받으러 왔다'고 말하고 있습니다. 보아스는 평소 시편 말씀을 깊이 묵상했음을 알 수 있습니다.

> "하나님이여 내게 은혜를 베푸소서 내게 은혜를 베푸소서 내 영혼이 주께로 피하되 주의 날개 그늘 아래에서 이 재앙들이 지나기까지 피하리이다"(시 57:1).

> "그가 너를 그의 깃으로 덮으시리니 네가 그의 날개 아래에 피하리로다 그의 진실함은 방패와 손 방패가 되시나니"(시 91:4).

그런데 나중에 그 날개가 또 나옵니다. 룻기 3장을 보면, 시어머니가 룻에게 타작마당에 가서 그냥 누워 버리라고 시킵니다. 눕는 것은 남자를 유혹하는 게 아니라 "나는 당신의 종이 되겠습니다"를 의미하는 것입니다. 보아스는 타작마당에서 자고 있다가 갑자기 발밑에 누가 누워 있는 것을 보고 깜짝 놀랐습니다. 그때 룻은 나오미가 시키는 대로 이렇게 말합니다.

"당신의 옷자락을 펴 당신의 여종을 덮으소서"(룻 3:9).

이때 '옷깃'은 히브리어로 날개와 똑같은 단어입니다. 당신의 날개가 우리를 향한 하나님의 날개가 될 수 있다는 뜻입니다. 기가 막힌 표현입니다. 결국 보아스와 룻은 결혼을 했습니다.

보아스는 룻에게 음식도 주고, 이삭도 주울 수 있도록 자비를 베풀었습니다. 도와주고 살 수 있게 해주는 것보다 더 큰 은혜는 무엇입니까? 바로 남편이 되어 주는 것입니다. 먹을 것을 주는 것을 자비라고 한다면, 남편이 되어 주는 것은 은혜입니다. 십자가에 달린 한 강도를 예수님이 용서해 주신 것을 자비라고 한다면, 오늘 "네가 나와 함께 낙원에 있으리라"고 하신 것은 은혜입니다.

하나님의 은혜는 용서를 뛰어넘는 것입니다. 우리의 죄를 용서해 주고 끝내는 게 아니라 하나님의 자녀가 되게 하셔서 하나님을 아버지라 부르며 동행할 수 있게 해주십니다.

이처럼 은혜는 자비보다 훨씬 큽니다.

보아스는 룻과 결혼함으로써 룻과 나오미를 책임지는 '기업 무를 자'가 되었습니다. 그 둘 사이에서 오벳이 태어나고, 오벳을 통해서 이새가 태어나고, 이새를 통해서 다윗이 태어납니다.

룻의 이야기는 우리에게 무엇을 시사하고 있습니까? 평범했던 가정에 세 남자가 죽는 시련이 왜 찾아왔습니까? 하나님은 시련을 통해서 하나님의 은혜의 손길로 모압 여인을 들이시고, 이방 여인이지만 그 여인을 통해서 장차 오실 메시아를 준비하셨습니다. 모든 민족의 구원자가 되시는 다윗의 후손을 준비하셨습니다.

시련을 온전히 기쁘게 통과하라

"저는 그런 시련, 그런 은혜 필요 없습니다. 그냥 평범하게 살고 싶습니다. 저는 하나님께 쓰임 받기를 원하지 않습니다. 그러니 제발 우리 가정에는 그렇게 안 좋은 일은 허락하지 마십시오."

이런 기도를 한 적이 있습니까? 그렇다면 역설적으로 당신은 시련을 받을 준비가 되어 있는 것입니다. 하나님은 아무한테나 시련을 주시지 않기 때문입니다. 감당할 수 있는 사람에게 주십니다. 그러므로 시련을 당했다면 '아, 하나님이 내가 가진 꿈보다 더 큰 꿈을 주시려나 보다' 하고 생각하며 기뻐하십시오.

야고보서는 "너희가 여러 가지 시험을 당하거든 온전히 기쁘게 여기라"(약 1:2)고 합니다. 어떻게 시험을 기쁘게 여깁니까? 어떻게 불행해 보이는 사건, 이해할 수 없는 사건, 받아들이기 힘든 사건을 기쁘게 여깁니까?

하나님이 나의 꿈을 깨뜨리시고, 나를 버리시는 것 같은 시련이지만 그 시련을 인내하고 또 인내하면 하나님이 놀라운 은혜를 베푸십니다. 내가 기대했던 축복은 아니지만 그보다 더 큰 축복을 주십니다. 내가 기대했던 꿈은 아니지만 그보다 더 원대한 꿈을 주십니다.

나오미와 룻은 성경에 기록되어 메시아의 조상이 되었습니다. 그리고 지금도 오고 가는 모든 사람에게 하나님의 살아 계심을 증거하는 은혜의 산 증인으로 쓰임 받고 있습니다.

우리는 잘 먹고 잘살고 편안한 것을 은혜라고 여기지만, 하나님은 고통스런 시련을 통해 영원한 하나님 나라의 기업이 되는 것을 은혜라고 보십니다. 그러므로 시련에는 하나님의 은혜가 감추인 보화처럼 숨겨져 있습니다.

이 시련의 은혜를 가장 많이 체험한 사람이 욥입니다. 욥은 동방의 의인이었고, 하나님이 자랑하실 만한 사람이었습니다. 그런데 어느 한 순간에 가진 모든 것을 상실하는 시련을 겪게 되었습니다. 욥이 겪은 시련은 욥이니까 감당할 만한 시련이었습니다. 웬만해선 감당할 수 없는 극심한 시련이었습니다.

욥의 시련은 3단계로 주어졌습니다. 첫 번째는 가진 모든 소유를 상실하는 시련이었습니다. 두 번째는 자녀들까지 다 잃어버리는 시련이었습니다. 세 번째는 자신의 건강을 잃어버리는 시련이었습니다. 그러나 욥은 이 모든 시련으로 연단받은 뒤에 이런 고백을 했습니다.

> "내가 주께 대하여 귀로 듣기만 하였사오나 이제는 눈으로 주를 뵈옵나이다"(욥 42:5).

하나님을 귀로 듣는 데서 눈으로 보는 데까지 이른 것입니다. 얼마나 놀랍습니까? 이런 신앙을 소유한 사람은 어떠한 시련이 와도 두렵지 않습니다. 다 이겨 낼 수 있습니다. 그리고 이 세상을 정말 능력 있게 살 수 있습니다.

하나님이 주신 시련에는 하나님의 특별한 은혜가 있음을 믿으시기 바랍니다. 믿을 뿐 아니라 온전히 기쁘게 여기고 인내하기 바랍니다. 그리고 하나님의 섭리와 놀라운 은혜를 기다리기 바랍니다. 아무리 최악의 상황이라도 하나님은 나를 위해 최선의 은혜를 준비하고 계심을 믿기 바랍니다.

예쁘게 수놓인 십자수의 뒷면을 보면 실들이 엉망으로 엉켜 있어서 매우 실망스럽습니다. 이쪽 실이 저리로 가고 저쪽 실이 이리로 와야 맞을 것 같은데 이리저리 얽혀서 엉망입니다. 그런데 하나님은 십자수를 다 놓은 다음 우리에게 뒤집어 보이면서 이렇게 말씀하십니다.

"이게 내가 생각했던 네 인생을 향한 그림이다."

우리 인생길은 뒤죽박죽으로 엉망인 것 같습니다. 도무지 이런 인생에서 아름다운 감탄이 나올 것 같지 않습니다. 그러나 그런 중에도 착실히 계획을 실행으로 옮기시는 하나님의 은혜의 손길이 있습니다. 그러므로 하나님이 만드신 인생은 저절로 감탄이 나올 수밖에 없습니다. 하나님의 선하심을 믿음으로 인내하며 연단하여 하나님의 놀라운 은혜의 손길이 빚어 낸 인생이 되기를 바랍니다.

9 나는 사도 중에 가장 작은 자라 나는 하나님의 교회를 박해하였으므로 사도라 칭함 받기를 감당하지 못할 자니라 **10** 그러나 내가 나 된 것은 하나님의 은혜로 된 것이니 내게 주신 그의 은혜가 헛되지 아니하여 내가 모든 사도보다 더 많이 수고하였으나 내가 한 것이 아니요 오직 나와 함께하신 하나님의 은혜로라

고전 15:9-10

CHAPTER 9

은혜를 가로막는 상한 감정에서
어떻게 벗어날 수 있을까?

하나님의 은혜가 우리에게 놀라운 은혜가 되지 못하는 것은 지식이 없어서가 아닙니다. 하나님의 은혜에 관한 지식이 마음으로까지 이르지 못했기 때문입니다. 머리에서 가슴까지 이르는 여행이 세상에서 가장 긴 여행이라는 말도 있듯이, 머리로는 알아도 마음으로 느끼기까지는 오랜 세월이 필요할 때가 있습니다.

우리는 하나님이 나를 용서하셨고 사랑하신다는 말을 수없이 들었습니다. 그런데 놀랍게도 그것이 나를 하나도 흥분시키지 않습니다. 영원히 죄인일 수밖에 없는 나를 구속시키셨다는데, 아무 쓸모없는 나를 무조건 사랑하신다는데 왜 흥분되지 않는 겁니까? 우리 감정의 영역에 문제가 생겼기 때문입니다. 다른 말로 하면 정도의 차이는 있지만 우리는 모두 어느 정도 자아의 분열, 정신적인 분열을 겪고 있는 것입니다. 아는 대로 감정이 느끼지 못하는 분열을 겪고 있는 것입니다.

성경시대의 사람들은 마음의 가장 중심 자리가 배 또는 창자 속이라고 생각한 모양입니다. 그래서 예수님도 "나를 믿는 자는… 그 배에서 생수의 강이 흘러나오리라"(요 7:38)고 하셨습니다. 배가 마음의 가장 중심 자리라 여겨서 거기서 생수가 나온다고 하신 것입니다.

"누가 이 세상의 재물을 가지고 형제의 궁핍함을 보고도 도와줄 마음을 닫으면 하나님의 사랑이 어찌 그 속에 거하겠느냐"(요일 3:17)는 말씀에서도 우리말로 '마음'으로 번역된 단어는 원문에 '창자'라고 표현되어 있습니다. 누군가를 불쌍히 여기고 하나님의 사랑을 느끼는 자리가 창자라고 여긴 것입니다. 하나님의 사랑을 머리로 알고 가슴으로 느끼려면 창자 속까지 깊이 내려가야 하는 것입니다.

아프리카의 어느 민족은 마음의 중심을 '목구멍'이라 여깁니다. 그래서 그 민족에게 복음을 전할 때 "예수님을 마음에 영접하라"고 하면 못 알아듣습니다. 그들에게는 "예수님을 목구멍에 영접하라"고 전해야 하는 것입니다.

우리 영혼의 깊은 곳, 우리 인생을 움직이는 감정의 깊은 곳에는 죄의 흔적들이 있습니다. 또한 상처의 흔적들이 있습니다.

우리는 흔히 '상처받았다'는 말을 합니다. 이때 상처를 풀이해 보면

'내가 누군가로부터 수치스러운 평가를 받았는데, 나도 그 수치스런 평가를 받아들이고 믿음으로써 상처를 받았다'가 됩니다. 이것은 바꾸어 말하면 다른 사람들이 나를 수치스럽게 여겨도 내가 나 자신을 수치스럽게 여기지 않으면 상처가 되지 않는다는 의미입니다. 상처는 내가 받아들여서 믿기 때문에 생기는 것입니다. 그래서 하용조 목사님이 살아생전에 우리에게 강조하신 말씀이 있습니다. 누군가 내게 상처를 주면 "노땡큐" 하라고요. 받아들이지 말라는 뜻입니다.

그런데 때로 이와 정반대의 문제도 있습니다. 모든 사람이 수치로 여기는 것을 자기 자신만 수치로 여기지 않는 것입니다. 이 경우, 그 사람 내면에 더 큰 상처가 있다고 봐야 합니다.

마음 깊은 곳에 진을 친 상처는 은혜를 은혜로 받아들이지 못하게 합니다. 사랑을 사랑으로 느끼지 못하게 합니다. 상처가 있으면 머리로는 알아도 감정으로 느끼지 못하게 됩니다.

신실한 크리스천들 중에는 감정을 죄악시 여기는 사람들이 있습니다. 신앙이 감정에 의지하거나 감정에 치우쳐선 안 되지만, 그렇다고 감정을 소홀히 해선 안 됩니다. 감정으로 전달되는 영적 사인을 무시해서도 안 됩니다. 그래서 예로부터 하나님의 뜻과 영성을 분별하기를 힘쓴 사람들은 자신의 감정을 잘 살폈고 그 감정을 잘 분별했습니다. 감정의 영역에서 하나님의 뜻이 전달되기 때문입니다. 감정의 성숙, 감정의 회복이 일어나지 않으면 영적 성숙도 일어나지 않습니다.

분노와 슬픔, 두려움, 죄책감 같은 부정적인 감정들은 하나님의 은혜로 씻겨 내려가야 합니다. 하나님의 은혜가 감정에까지 이르렀을 때 이런 상한 감정들이 치유됩니다.

과거의 죄책감이 현재를 망친다

"나는 사도 중에 가장 작은 자라 나는 하나님의 교회를 박해하였으므로 사도라 칭함 받기를 감당하지 못할 자니라 그러나 내가 나 된 것은 하나님의 은혜로 된 것이니"(고전 15:9-10).

사도 바울은 스스로 사도라 불릴 자격이 없는 사람이라고 말합니다. 그 이유가 뭡니까? 하나님의 교회를 핍박했기 때문입니다. 그래서 그는 사도라 불릴 자격도 없거니와 설사 사도라 불린다 해도 사도 중에 가장 작은 자라고 고백합니다. 사도 바울의 말을 들어 보면 그는 자칫 죄책감에 붙잡힐 수 있었겠다 싶습니다.

실제로 바울이 예수님을 따르겠다 했을 때, 과거에 그가 저지른 행적을 근거로 반대하고 심지어 대적하는 사람들이 있었을 것입니다. 복음을 전하는 바울을 쫓아다니며 그의 말을 믿지 말라고 선동하는 사람들도 있었을 것입니다. 그들은 끊임없이 바울을 끌어내리려고 애를 썼습니다. 바울은 그렇지 않아도 전도여행 중에 풍랑을 만나는가 하면 굶주리기도 하고 돌에 맞아 죽었다 살아나기도 했습니다. 이방 문화에 적응하기도 힘들었고 질병에 시달리기도 했습니다.

그런데 이 모든 것 중에 바울을 가장 괴롭힌 것은 죄책감이 아니었을까 합니다. 과거에 예수 그리스도를 믿는 사람들을 핍박한 죄책감이 바울을 가장 힘들게 했을 것입니다. 더구나 그의 과거사는 그를 방해하는 사람들로 인해 끊임없이 들춰졌습니다. 바울이 만일 그의 허물을 들추어내는 사람들의 비난을 사실로 받아들였다면, 수치심으로 받아들였다면, 그것이 상처가 되어 그의 사역을 계속 발목 잡았을 것입니다.

그러나 고린도전서 15장 9-10절을 보면 바울은 사람들의 비난을 수치심으로 받아들이지 않았음을 알 수 있습니다. 바울이 자신이 과거에 저지른 잘못과 허물을 그대로 인정하고 있다는 것은, 그것이 지금 죄책감이나 수치심이 되어 그를 괴롭히고 있지 않다는 반증이기 때문입니다.

흔히 우리가 느끼는 수치심을 세 가지로 분류할 수 있습니다.

첫째는 어릴 때부터 자라면서 겪게 되는 생물학적인 수치심(Biological Shame)입니다. 예를 들어, 과거에 아이가 잠을 자다가 실수를 했을 때 어른들은 놀리면서 키를 쓰고 동네 한 바퀴를 돌고 오라고 합니다. 그런데 이때 어른들이 아이들에게 수치심을 줄 수 있습니다. 또 어른들이 습관에 따라 혹은 잘못된 인습에 따라 무심코 하는 행동이나 말이 아이들에겐 수치심을 줄 수 있습니다. 남녀를 차별하는 발언이나 무시하고 저주하는 언어 습관이 그런 경우입니다. 또 물을 쏟거나 하는 실수를 했을 때 부모의 반응이 아이들에게 수치심을 남기기도 합니다.

인생에서 어린 시절 가정에서 어떤 평가를 받고, 어떤 용납을 받았는지가 매우 중요합니다. 그래서 가정은 우리 자아의 거울과 같습니다. 거울이 더러워져 있거나 깨져 있으면 우리 자아의 모습도 그렇다고 봐야 합니다. 더러워지거나 깨진 거울로는 모든 사물을 바르게 보기 어렵습니다. 그 자체를 보지 못하고 어쩐지 뒤틀고 왜곡해서 바라보게 됩니다. 거기에는 자기 자신도 예외가 아닙니다.

가정은 세상을 향한 창문과 같아서 창문 색깔에 따라 바라보이는 세상이 달라집니다. 똑같은 현상을 봐도 어떤 환경의 가정에서 자랐느냐에 따라 다른 시각으로 해석하는 이유가 여기에 있습니다.

어린 시절 받은 생물학적인 수치심은 부모의 은혜를 은혜로 받아들이지 못하고 죄책감에 시달리게 만듭니다. 세월이 흐르면서 자연스럽게 수치심을 해결하지 않으면 우리 영혼에 심각한 문제가 생기는 것입니다.

둘째는, 성경적인 수치심(Biblical Shame)입니다.

인간은 누구나 하나님 앞에서 죄인입니다. 따라서 이 원죄로 인한 수치심은 당연하고도 건강한 수치심입니다. 만일 양심이 가져다주는 이 수치심이 없었다면, 세상은 죄악으로 가득 찼을 것입니다. 하나님은 이런 수치심을 통해 우리의 영혼을 죄악에서 건지시고, 우리를 새롭게 하십니다.

셋째는, 우리를 속박하고 감정의 포로가 되게 만드는 수치심(Binding Shame)입니다.

새장에 오래 갇혀 있던 새는 새장 문이 열려도 날아가지 못합니다. 왜 그렇습니까? 자기에게 날개가 있다는 사실을 잊어버렸기 때문입니다. 우리의 감정도 그렇습니다. 두려움, 불안, 염려, 미움 등이 너무 오래 묵으면 해결할 통로가 있어도 빠져나가지 못합니다.

어린 시절 어떤 충격을 받아 마음속에 큰 두려움이 임하면, 그와 비슷한 상황만 봐도, 또는 비슷한 사람, 비슷한 말만 들어도, 그 감정에 포로가 되고 맙니다. 이런 감정은 우리 인생을 자유롭지 못하게 속박하고 하나님의 은혜를 느끼지 못하도록 방해합니다. 그중에서 가장 심각한 것이 죄책감입니다. 사탄은 끊임없이 죄책감을 이용해 우리를 무너뜨리려 합니다. "너는 무가치해", "너는 하나님의 은혜를 받을 자격이 없어", "너는 이런 일을 할 만한 인물이 못 돼", "너는 용서받지 못할 거야". 사탄은 이런 말로 우리의 현재와 미래를 이 감정에 얽매이도록 묶어 두려 합니다. 죄책감이나 두려움, 불안, 염려, 미움과 같은 감정에 사로잡혀 있다면 당신은 지금 사탄의 포로가 된 것입니다.

사도 바울이 하나님의 교회를 핍박했다는 죄책감에 사로잡혀 있었다면, 그는 결코 하나님의 일을 하지 못했을 것입니다. 그러나 바울은 죄책감에 사로잡히지 않았습니다. 오히려 "나는 하나님의 교회를 핍박한 사람이다"라고 스스로 인정하며 밝힘으로써 죄책감에서 빠져나왔습니다. 사탄이, 대적자들이 아무리 그의 과거를 붙들고 늘어져도 거기에 속지 않고 오히려 더 하나님의 은혜를 붙들었습니다.

그러므로 죄책감과 같은 상한 감정에서 벗어나는 유일한 길은 하나님의 은혜를 받아들이는 것입니다. 바울처럼 과거에 나의 허물을 있는 그대로 인정함으로써 상한 감정에서 빠져나오는 것입니다. 그리고 사탄이 아무리 나의 허물을 붙들고 늘어져도 그럴수록 더 하나님의 은혜를 붙드는 것입니다. 그래서 "내가 나 된 것은 하나님의 은혜로 된 것이니"(고전 15:10)라고 한 바울의 고백이 우리의 고백이 되어야 합니다.

하나님은 바울의 부끄러운 과거를 이용해 바울을 하나님의 축복의 도구, 은총의 도구로 사용하셨습니다. 사탄은 우리가 숨기고 싶어 하는 과거를 이용해 우리를 포로 삼으려 하지만 하나님은 오히려 그것을 하나님 일에 사용하십니다. 우리 인생을 재생시키십니다. 이것이 하나님의 은혜입니다.

바울은 "죄가 더한 곳에 은혜가 더욱 넘쳤나니"(롬 5:20)라고 했습니다. 우리가 과거에 어떤 죄를 지었고, 어떤 허물을 가졌을지라도 하나님 은혜에 들어가면 우리 인생이 재생되어서 나옵니다. 재생되어 나온 우리 인생은 그 자체로 하나님을 증거하게 됩니다. 정말 놀라운 하나님의 은혜입니다.

열등감이 자꾸 넘어지게 한다

우리가 신앙생활을 하면서 자꾸 걸려 넘어지는 것 중에 하나가 열등감입니다. 성경의 인물 중에서 열등감 때문에 하나님의 부르심을 거부한 대표적인 인물이 모세입니다. 모세는 80세에 하나님의 부르심을 받았습니다. 그러나 모세는 다음의 다섯 가지 이유를 들어 하나님의 부르심을 거부합니다.

첫째, "내가 누구이기에 바로에게 가며 이스라엘 자손을 애굽에서 인도하여 내리이까"(출 3:11).

둘째, "너희의 조상의 하나님이 나를 너희에게 보내셨다 하면 그들이 내게 묻기를 그의 이름이 무엇이냐 하리니 내가 무엇이라고 그들에게 말하리이까"(출 3:13).

셋째, "그들이 나를 믿지 아니하며 내 말을 듣지 아니하고…"(출 4:1)

넷째, "오 주여 나는 본래 말을 잘하지 못하는 자니이다… 나는 입이 뻣뻣하고 혀가 둔한 자니이다"(출 4:10).

다섯째, "오 주여 보낼 만한 자를 보내소서"(출 4:13).

어떻습니까? 모세의 열등감이 보이십니까? 모세는 말을 못하는 사람이 아닙니다. 나중에 하나님이 그의 대변인으로 아론을 붙여 주셨지만 정작 바로와 대면하여 하나님의 뜻을 전하는 것은 모세였습니다. 애굽에서 왕자로서 고등교육을 받은 모세가 말을 못할 리 없지 않습니까?

더구나 전능하신 하나님이 그와 함께하겠다고 누누이 말씀하셨습니다. 그런데도 모세는 자기가 애굽에 가서 백성들을 데려올 수 없는 이유를 자꾸 열거합니다. 왜 그렇습니까?

모세는 40세에 자기 혈기로 이스라엘 백성을 구하려다 살인을 저질렀습니다. 정의감으로 한 일이 큰 죄를 짓는 결과를 가져왔습니다. 그 일로 모세는 광야로 도망쳐 40년을 목자로 살게 되었습니다. 그런데 이 광야에서 보낸 40년 동안 모세는 완전히 무기력해졌습니다. 애굽의 왕자로 40년을 살면서 배운 최고의 교육이 전혀 쓸모없는 광야에서 그는 점점 더 무기력해졌고 깊은 열등감을 갖게 되었습니다.

요즘 은퇴한 중년의 남성들이 빠지는 깊은 절망이 아마 이런 것이 아닌가 합니다. 사회에서 인정받으며 왕성하게 일하던 사람이 은퇴해서 집으로 돌아왔을 때, 사회에서 하던 어떤 일도 쓸모가 없어집니다. 한순간에 갑자기 너무 무능력해진 자신을 발견하게 되는 것입니다. 이런 세월이 40년이었으니 모세의 깊은 절망과 열등감이 어떤 것이었는지 짐작이 됩니다.

하나님이 그런 모세를 부르셨을 때 모세는 아주 중요한 질문을 하게 됩니다.

"내가 누구입니까?"

이 질문이 중요한 이유는, 하나님의 관점에서 '내가 누구인가?'가 아니라 나의 관점에서 '내가 누구인가'라는 의미의 질문이기 때문입니다.

내가 바라보는 '내가 누구인가'가 사실은 우리 인생을 속박시킵니다. 당신은 자신을 누구라고 생각합니까?

겸손을 가장한 열등감에 사로잡힌 대답이 나왔다면, 당신은 하나님의 은혜가 창자 속까지, 감정에까지 이르지 못한 상태입니다. 하나님의 은혜가 감정에까지 이른 사람은 자기 자신이 열등하다고 느끼지 않습니다. 겸손은 자기 자신의 가치를 인정하지 않는 것이 아니라, 하나님이 나를 얼마나 가치 있게 보시는가를 받아들일 때 할 수 있습니다.

그러므로 열등감은 일종의 교만입니다. 왜 교만입니까? 내가 보는 내가 정확하다고 믿기 때문입니다. 하나님은 성경을 통해 우리에게 내가 너를 사랑한다, 내가 너를 존귀히 여긴다, 내가 너로 인해 기쁨을 이기지 못한다, 내가 너의 이름을 부르며 노래한다고 수없이 말씀하십니다. 그런데 우리는 하나님의 이 음성을 듣지 못하고 들더라도 믿지 못하므로 열등감에 사로잡힙니다. '나는 무능력해! 나는 가치 없어! 내가 하나님이라면 날 이렇게 만들지 않을 거야' 하면서 자기가 보는 내가 옳다고 믿는 것입니다.

그러므로 열등감은 교만이요, 믿음의 실패입니다.

모세의 이 질문에는 하나님이 바라보시는 모세가 아니라 모세 자신이 바라보고 믿는 모세가 있습니다. 여기에는 하나님이 없습니다. 그러나 모세든 우리든 하나님께 속한 사람들 아닙니까? 우리의 정체성은 내가 믿는 내가 아니라 하나님께 속한 나입니다. 내가 누구에게 속해 있는가, 모세는 이 사실을 간과하고 있는 것입니다.

"지금 우리가 자신이란 것을 몰아내고, 하나님이 우리를 취하실 수 있도록 할 때에 우리는 진정한 자아를 갖게 된다. 하나님이 우리를 취하실 수 있도록 우리 자신을 내어 드릴 때, 우리는 하나님의 은혜를 체험한 자로서 진정 나 자신을 발견하게 된다."

C. S, 루이스가 한 말입니다. 내가 믿고 아는 나를 버리고 하나님이 믿고 바라보는 나를 다시 채워 넣을 때 진정한 나를 발견할 수 있습니다.

다음은 열등감의 10가지 증상입니다. 한번 체크해 보기 바랍니다.

1. 자신과 남을 민감하게 비교하되, 상대방에게서는 장점만, 자신에게서는 단점만 본다.
2. 강자에게는 아첨하고, 약자에게는 아첨받기를 좋아한다.
3. 자신에 대한 비판에 지나치게 민감하다. 주위에서 들려오는 웃음소리를 자기를 비웃는 소리로 오해한다.
4. 다른 사람의 인정과 칭찬을 있는 그대로 받아들이지 못한다. 항상 '정말일까?' 하고 의심한다.
5. 몸치장에 신경을 많이 쓰고, 사람들의 관심을 끄는 행동을 한다.
6. 자신을 세우기 위해 다른 사람을 깎아내린다. 사람들의 약점을 끊임없이 지적하고 널리 알려야 내가 세워진다고 생각하기 때문이다.
7. 자기보다 남을 기쁘게 하는 데 지나치게 힘쓴다.

8. 사소한 실수도 트집을 잡고 용서하지 못한다.

9. 지극히 일상적이고 상식적인 일에도 자신 없어 하고, 목표가 너무 높아서 비현실적이다.

10. '하나님은 나 같은 사람의 기도는 들어주시지 않을 거야'라고 믿는다.

이렇듯 열등감은 인간관계뿐만 아니라 하나님과의 관계에까지 악영향을 미칩니다.

빌리 그레이엄의 아들 프랭클린 그레이엄은 젊은 시절 방황을 많이 했다고 합니다. 오토바이 폭주족이기도 했다고 합니다. 그런 프랭클린 그레이엄이 하나님께 돌아온 계기는 놀랍게도 아버지 빌리 그레이엄 때문이었습니다. 그는 "하나님은 나를 버리셨을지 모르지만, 내 아버지는 나를 안 버리셨다!"면서 방황을 끝내고 돌아올 수 있었습니다. 그의 고백은 우리의 고백과 정반대입니다. 우리는 오히려 "내 아버지는 나를 버릴지 모르지만 하나님은 나를 버리시지 않는다"고 고백하는데 말입니다.

육신의 부모가 끝까지 포기하지 않고 하나님의 은혜의 통로가 되어 그를 품어 주자 방황하던 아들이 돌아와 하나님을 만나게 된 것입니다. 참으로 부럽고 소망해 마지 않는 아들의 고백입니다.

그런데 우리가 '하나님은 절대 나를 버리시지 않는다'는 고백을 하려면 누군가로부터 그런 은혜를 받아야 가능합니다. 사람에게서 그 은혜를 경험하지 못한 사람은 하나님을 은혜의 하나님으로 받아들이지 못하기 때문입니다.

"하나님은 내 기도를 들어주시지 않을 거야" 하십니까? 이것은 하나님이 가장 슬퍼하시는 말입니다. 그러므로 열등감은 죄입니다. 하나님이 예수님을 십자가에 달려 죽이기까지 당신을 사랑하시고 귀하게 여기시는 줄 믿지 않는 불신이기 때문입니다. 이 세상 어느 누구도 하나님이 무의미하게 창조한 사람은 없습니다. 무가치한 존재는 없습니다.

사도 바울이 만일 하나님의 교회를 핍박한 죄인이라는 열등감을 가지고 있었다면 어땠을까요? 그는 아마도 죽음을 무릅쓰고 3차에 걸쳐 전도여행을 하지 못했을 것입니다.

> "맨 나중에 만삭되지 못하여 난 자 같은… 나는 사도 중에 가장 작은 자라… 사도라 칭함 받기를 감당하지 못할 자니라"(고전 15:8-9).

위의 바울의 고백을 잘못 해석하면 바울이 열등감이 많은 사람이라고 오해할 수 있습니다. 그런데 바울의 서신서들을 보면, 그가 예수님을 만난 때부터 로마 감옥에서 마지막 인생 여정을 마무리할 때까지 바울은 점점 더 겸손해졌음을 알 수 있습니다. 하나님은 바울이 한때 가졌을 열등감마저 깨끗이 치유해 주셨습니다. 그리고 더 낮아지도록 이끄셨습니다.

하나님의 은혜를 창자에까지, 감정에까지 경험하면 열등감이라는 상한 감정이 치유됩니다. 열등감이 차지했던 그 자리에는 하나님의 깊은 사랑이, 우리를 보고 기쁨을 이기지 못하시는 하나님의 기쁨이 채워지게 됩니다.

그래서 "나는 사도라 불릴 자격이 없지만 하나님이 사도로 불러 주셨다. 그래서 내가 나 된 것은 하나님의 은혜다"라고 한 사도 바울의 고백을 우리도 할 수 있게 됩니다.

완전주의가 공동체를 망친다

하나님은 사도 바울이 자칫 빠지기 쉬운 완전주의에서도 자유롭게 해주셨습니다. 완전주의는 다른 말로 완벽주의입니다.

"내가 모든 사도보다 더 많이 수고하였으나"(고전 15:10).

사실 사도 바울은 다른 어떤 사도보다 더 많이 수고하였습니다. 신약성경의 3분의 1을 썼고 가장 많은 지역을 전도하러 다녔습니다. 현대에도 그렇게 하기 쉽지 않은 길을 배를 타고 걷고 하면서 세 차례나 다녔습니다. 하지만 바울은 더 많은 수고가 자신의 가치를 높여 준다고 생각하지 않았습니다. 바울은 어느 누구보다 수고했지만, 그럼에도 자신은 모든 사도 중에 가장 작은 자라고 말했습니다. 아니 사도라 불릴 자격도 없다고 말했습니다.

사도 바울은 "내가 나 된 것은 하나님의 은혜로 된 것"이라고 했습니다. 하나님의 은혜로 말미암아 더 많이 수고한 것이므로 자랑할 것도 없고 더 크게 인정받을 것도 없다는 것입니다.

만일 당신이 더 많이 수고하고 봉사하고 헌신한 것 때문에 보상받고 싶다면 지금 당장 그 상한 감정을 치유하기 바랍니다. 더 많은 수고를 함으로써 내 가치를 더 높게 평가받고 싶은 마음은 상한 감정입니다. 그 상한 감정이 교회에 분열을 가져오고 다툼과 미움을 가져옵니다. 교회의 분열과 갈등은 새로 들어온 성도 때문도 아니고 다른 종교나 믿지 않는 사람들 때문도 아닙니다. 오히려 교회에서 더 많이 수고한 사람들이 교회를 병들게 합니다. 그러므로 교회에서 봉사하고 수고할 때는 하나님의 은혜를 깊이 누린 것 때문에 하십시오. 하나님이 주신 은혜로 봉사하고 수고하십시오. 이 순서가 중요합니다. 이 순서가 바뀌는 순간 교회는 망가지기 시작합니다.

우리는 종의 신앙과 자녀의 신앙을 구별할 수 있어야 합니다. 종은 자신의 가치를 인정받기 위해 일하는 반면, 자녀는 가치를 인정받았기 때문에 일합니다. 종은 주인에게 버림받을까 두려워서 일을 잘하려고 하지만, 자녀는 아버지의 뜻을 기뻐하기 때문에 일을 잘하려 합니다. 사도 바울은 종의 신앙이 아니라 자녀의 신앙으로 더 많이 수고했습니다. 바울은 아버지를 기뻐하는 자녀이기에 사도 중에 가장 작은 자라고 자신을 낮출 수 있었습니다.

하나님은 사도 바울 안에 있는 완전주의를 하나님의 은혜로 제거하셨습니다. 그래서 바울은 "내가 나 된 것은 하나님의 은혜"라고 고백할 수 있었습니다. 이것은 십자가 앞에서 자기를 부인한 모습입니다.

십자가의 사랑은 우리가 얼마나 소중한 존재인지, 우리가 얼마나 가치 있는 존재인지를 깨닫게 해줍니다. 동시에 십자가의 사랑은 우리가 버려야 할 옛 사람, 옛 감정이 얼마나 많은지를 깨닫게 해줍니다. 이제 그 십자가 앞에서 나를 부인해야 합니다. 어떻게 부인합니까? 옛 사람과 옛 감정을 벗어버리는 것입니다. 상한 감정을 하나님의 은혜로 고침 받고 하나님의 관점으로 가치 있는 인생을 덧입는 것입니다. 하나님의 눈으로 나를 바라보고 하나님이 인정하시는 그 언어로 나를 인정하며 하나님의 은혜를 감정에까지 깊이 받아들일 때 우리는 회복된 인생을 살 수 있습니다. 인생이 회복되면 상한 영혼들을 치유하시는 하나님과 동역하게 됩니다.

¹ 또 모세가 가서 온 이스라엘에게 이 말씀을 전하여 ² 그들에게 이르되 이제 내 나이 백이십 세라 내가 더 이상 출입하지 못하겠고 여호와께서도 내게 이르시기를 너는 이 요단을 건너지 못하리라 하셨느니라 ³ 여호와께서 이미 말씀하신 것과 같이 네 하나님 여호와께서 너보다 먼저 건너가사 이 민족들을 네 앞에서 멸하시고 네가 그 땅을 차지하게 할 것이며 여호수아는 네 앞에서 건너갈지라 ⁴ 또한 여호와께서 이미 멸하신 아모리 왕 시혼과 옥과 및 그 땅에 행하신 것과 같이 그들에게도 행하실 것이라 ⁵ 또한 여호와께서 그들을 너희 앞에 넘기시리니 너희는 내가 너희에게 명한 모든 명령대로 그들에게 행할 것이라 ⁶ 너희는 강하고 담대하라 두려워하지 말라 그들 앞에서 떨지 말라 이는 네 하나님 여호와 그가 너와 함께 가시며 결코 너를 떠나지 아니하시며 버리지 아니하실 것임이라 하고 ⁷ 모세가 여호수아를 불러 온 이스라엘의 목전에서 그에게 이르되 너는 강하고 담대하라 너는 이 백성을 거느리고 여호와께서 그들의 조상에게 주리라고 맹세하신 땅에 들어가서 그들에게 그 땅을 차지하게 하라 ⁸ 그리하면 여호와 그가 네 앞에서 가시며 너와 함께하사 너를 떠나지 아니하시며 버리지 아니하시리니 너는 두려워하지 말라 놀라지 말라

신 31:1—8

CHAPTER 10

앞서 행하시는 은혜를
경험하고 있는가?

모세는 지금까지 120년을 살았습니다. 모세는 40년에 한 번씩 굵직한 사건이 터져서 전혀 다른 인생을 살았습니다. 그는 40세까지는 애굽의 왕자로서 살았습니다. 그러다 40세에 애굽 관원을 살인하는 죄를 짓고 미디안 광야로 도망가게 됩니다. 미디안 광야에서 목자로서 40년을 살게 됩니다. 그리고 80세에 하나님의 부르심을 받아 이스라엘 백성을 이끌고 애굽을 나와 광야 생활을 인도하게 됩니다.

첫 번째 40년 동안은 부와 명예를 다 누렸습니다. 애굽의 선진 문명을 익히고 배울 수 있었고, 하고 싶은 일은 무엇이든 할 수 있었습니다.

그러나 두 번째 40년 동안은 그가 가진 모든 소유를 다 빼앗기고 철저히 낮아져서 살았습니다. 한마디로 그의 인생은 아무것도 아님을 깨닫는, Nothing의 시절이었습니다.

그리고 세 번째 40년은 낙망과 좌절, 열등감에 사로잡힌 그의 인생에 하나님이 찾아와 그를 부르시는 Something의 시기입니다.

이제 모세는 이 세 번째 인생을 마무리할 시점에 놓였습니다. 지나간 120년을 돌아보며 모세는 감회에 젖었을 것입니다. 돌아보면 과거에 일어난 많은 일 중에는 기억하고 싶지 않고 원치 않던 일들이 있습니다. 그러나 그런 일들은 지금에 와서 보면 오히려 하나님 은혜를 체험하는 도구였음을 깨닫게 됩니다. 당시에는 이해할 수 없었고 받아들이기 어려운 일들이었지만 오히려 그것이 하나님의 섭리였고 은혜였음을 발견하게 됩니다.

모세는 이스라엘의 남자아이로 태어난 죄로 갈대상자에 버려졌으나 애굽의 공주가 강가에서 발견하고 그를 애굽의 왕궁으로 데려가 길렀습니다. 그럼에도 그는 어린 시절을 친어머니에게서 자랄 수 있었습니다. 그러면서 친어머니한테 성경을 배우고 히브리인에 대한 연민을 배웠을 것입니다. 그러다 자신이 히브리인임을 알았을 것이고 그때부터 정체성의 혼란을 겪었을 것입니다. 그래서 왕궁 생활 중에도 노예로 살아가는 동족들을 외면할 수 없었습니다. 이 정체성의 혼란은 그를 계속 괴롭혔을 것이고 끝내 애굽인을 살인하는 죄를 저지르기에 이르렀습니다. 이때 모세는 한편으로는 동족들의 위로를 기대했을지도 모릅니다.

그러나 동족들은 그를 살인자로 바라볼 뿐이었고, 그는 모든 부와 명예를 버리고 광야로 도망가야 했습니다.

미디안으로 도망갔으나 이제 모세는 문화적인 충격에 휩싸였습니다. 당시 애굽은 주변 모든 지역에서 가장 탁월하고 우수한 문화를 자랑했습니다. 그에 비하면 미디안 광야는 그야말로 야만에 가까웠습니다. 오로지 자연에 의지해 양과 염소를 치는 광야 생활이 시작된 것입니다. 모세는 하나님의 부르심을 받았을 때 "나는 말이 어눌하다"고 변명했습니다. 그런데 어쩌면 이 말은 변명이 아니라 사실일 수 있습니다. 광야에서 양과 염소를 치는 생활을 했으니 사람과 대면해 대화를 나누기 힘들었을 것입니다. 점차 말을 잃어버리는 생활을 하게 된 것이지요.

그러기를 40년이 흘렀습니다. 어느 날 하나님이 떨기나무에 불이 붙었으나 타지 않는 모습으로 광야에 있는 모세를 찾아오셨습니다. 모세가 찾은 것이 아닙니다. 하나님이 그를 찾아오셨습니다. 그리고 그에게 애굽에서 노예 생활을 하는 이스라엘 백성을 이끌고 나오라고 명령하셨습니다.

"떨기나무에 불이 붙었으나 그 떨기나무가 사라지지 아니하는지라"(출 3:2).

이것은 지금까지 모세의 삶을 잘 요약하는 풍경이요, 앞으로 일어날 모세의 인생을 너무나 잘 보여 주는 풍경입니다.

나무에 불이 붙으면 타야 합니다. 그런데 타지 않습니다. 모세는 40세에 자기 혈기로 애굽의 관원을 죽였으나 아무런 소득 없이 도망자가 되었을 뿐입니다. 스스로 불태웠으나 소진되고 말았습니다. 그러나 80세에 하나님의 부르심을 받았을 때, 모세는 마치 불이 붙었으나 소진되지 않는 인생처럼 살았습니다.

성경은 "모세가 죽을 때 나이 백이십 세였으나 그의 눈이 흐리지 아니하였고 기력이 쇠하지 아니하였더라"(신 34:7)고 기록하고 있습니다. '눈이 흐리지 아니하였다'는 것은 시력이 나쁘지 않았다는 뜻이 아니라 하나님이 불타는 떨기나무처럼 그의 삶에 임재하셨다는 뜻입니다. 하나님의 임재가 그의 생을 떠나지 않았다는 것입니다.

이제 모세는 가나안을 목전에 두고 그의 유언과도 같은 설교를 하고 있습니다. 모세는 먼저 백성들과 여호수아에게 그가 체험한 하나님을 설명하고 있습니다. 120세가 되도록 기력이 쇠하지 않았고 하나님의 임재가 떠나지 않았던 모세가 만난 하나님은 과연 어떤 하나님일까요?

모세의 고백, "하나님이 앞서 행하신다"

"여호와께서 이미 말씀하신 것과 같이 네 하나님 여호와께서 너보다 먼저 건너가사 이 민족들을 네 앞에서 멸하시고 네가 그 땅을 차지하게 할 것이며 여호수아는 네 앞에서 건너갈지라"(신 31:3).

"그리하면 여호와 그가 네 앞에서 가시며 너와 함께하사 너를 떠나지 아니하시며 버리지 아니하시리니 너는 두려워하지 말라 놀라지 말라"(신 31:8).

모세는 그가 체험한 하나님을 어떻게 설명하고 있습니까? 3절과 8절에서 공통적으로 강조하는 단어가 있습니다. 무엇입니까? "너보다 먼저", "네 앞에서"입니다. 하나님이 너희보다 앞서 가실 것이므로 두려워하지 말라는 것입니다.

모세의 인생을 돌아보면 이 같은 고백은 당연합니다. 모세는 40년 동안 왕궁에서 살았고 40년 동안 광야에서 살았습니다. 그리고 80세에 하나님의 부르심을 받아 출애굽의 역사를 쓰기 시작했습니다. 모세가 왕궁 생활을 하던 때는 힘도 있고 물질도 있고 지식도 있었습니다. 더구나 젊어서 힘도 넘쳤습니다. 하나님은 왜 모세가 가장 화려한 시절에 부르시지 않고 가장 누추한 때에 그것도 늙어서 기력이 쇠할 때에 그를 부르셨을까요?

모세에게 광야 40년은 출애굽 역사를 위해 반드시 필요한 시간이었습니다. 더 정확히 말하면 미디안 광야에서 보낸 40년의 경험이 반드시 필요했습니다. 왜 그렇습니까?

이스라엘 백성은 애굽에서 나온 뒤 광야 생활부터 해야 했습니다. 수백만 명을 이끌고 그것도 하루 이틀도 아닌 오랜 시간을 광야에서 생활한다는 것은 만만한 일이 아닙니다. 백성들은 광야의 불편한 생활을 못 견뎌 할 것입니다. 불평하고 원망하며 아우성칠 것입니다. 그런 백성들을 이끌고 가나안까지 이르는 긴 여정을 가야 합니다. 결코 녹록하지 않은 일입니다.

만일 모세가 40년간의 광야 생활을 하지 않았다면 벌써 지쳐서 "차라리 저를 죽여 주십시오" 하고 백기를 들었을 것입니다. 그러나 모세는 무려 40년이나 광야 생활을 했습니다. 척박한 광야에서 어떻게 보내야 하는지, 얼마나 인내해야 하는지를 삶으로 터득한 것입니다. 그래서 모세의 40년 광야 생활은 출애굽 역사를 위해 반드시 필요한 시간이었던 것입니다.

그렇다면 40년간의 왕궁 생활은 어떻습니까? 모세는 애굽의 왕궁에서 가장 선진화된 문물을 배우고 익히면서 지혜를 배웠고 리더십을 훈련받았습니다. 이 시간도 출애굽 역사를 위해 반드시 필요했습니다.

당시에는 왕궁 생활과 광야 생활이 이렇게 사용될 줄 몰랐습니다. 오히려 흘러가고 버려진 시간으로 알았습니다. 광야 생활할 때는 지난 왕궁 생활이 쓸데없었고, 왕궁 생활을 하면서는 광야 생활을 생각도 못했습니다. 서로 아무런 연관관계가 없는 세월인 줄 알았습니다.

그러나 애굽에서 백성들을 인도하기 위해 바로와 대면할 때 모세는

40년의 왕궁 생활이 왜 필요했는지 이해하게 되었을 것입니다. 백성들을 이끌고 광야 생활을 하면서 지난 40년간의 광야 생활이 왜 필요했는지 이해할 수 있었을 것입니다. 이제 모세는 하나님의 은혜와 섭리를 분명히 깨닫게 되었습니다. 그래서 그는 "하나님이 나보다 앞서 가신다. 내 인생을 앞서 인도하신다"고 말할 수 있었던 것입니다.

미리 준비하고 인도하시는 하나님

하나님은 이스라엘 백성을 인도할 때 낮에는 구름기둥으로, 밤에는 불기둥으로 인도하셨습니다. 그런데 구름기둥과 불기둥이 각각 따로 존재하는 것이 아니라 밤에 구름기둥에 불이 임한 상태가 불기둥입니다. 따라서 낮이든 밤이든 구름기둥이 앞서 가며 서면 서고 가면 가기를 반복했습니다. 그 뒤를 제사장들이 멘 언약궤가 따랐습니다.

어떻습니까? 광야에서 하나님은 이스라엘 백성보다 앞서 가며 그들을 인도하셨습니다. 저만큼 멀리 떨어져서 앞서 가신 게 아닙니다. 백성들의 눈에 보일 만큼 가까이에서 앞서 가셨습니다.

하나님은 이처럼 우리보다 앞서서 우리 삶을 인도하십니다. 그런데 멀찍이 떨어져 계신 게 아니라 가까이서 앞서 가며 우리를 인도하십니다. 청교도들은 이를 '선행 은총', 혹은 '앞선 은총'이라고 불렀습니다.

우리 삶에는 이해할 수 없는 순간들이 많습니다. 미래는 불투명해서 늘 불안하게 만듭니다. 그러나 모세에게 그런 것처럼 하나님은 우리보다 앞서 가시며 준비하시고 인도하십니다. 하나님이 반드시 우리 삶을 앞서 가시며 인도하신다는 것을 믿으시기 바랍니다.

모세는 지금 백성들과 여호수아에게 이 믿음을 확신하라고 가르치고 있는 것입니다.

"120년 내 인생을 돌아보니 하나님은 언제나 나보다 앞서 가시며 인도하시더라. 그러니 믿음으로 하나님을 의지하고 나아가라. 장차 이를 가나안 땅에 대적이 있을지라도 하나님이 앞서 가시며 그들과 싸울 것이므로 두려워하지 말고 담대하게 나아가라."

우리보다 앞서 가신다는 말은, 하나님이 우리에게로 내려오셨다는 뜻입니다. 성경에 나타나는 하나님은 내려오신 하나님입니다. 창세기의 하나님은 하늘에 계십니다. 하늘에 계셔서 말씀하십니다. 그러나 출애굽기에 이르면 하나님이 모세를 시내 산으로 부르십니다. 시내 산에 내려오셨습니다. 레위기에서는 아예 땅에 내려와 만나 주십니다. 출애굽기에서 명령하신 대로 성막을 짓자 거기서 만나 주신 것입니다. 이제 신약에 오면 어디에 계십니까?

"말씀이 육신이 되어 우리 가운데 거하시매"(요 1:14).

여기서 "거하시매"는 '텐트를 친다'는 의미입니다. 텐트를 치시고 백성 가운데 함께 거하신다는 것입니다. 임마누엘의 하나님으로 함께하신다는 것입니다.

구름기둥이 앞서 가면 그 뒤로 언약궤가 따릅니다. 그리고 그 뒤로 모세가 따릅니다. 광야 길을 인도하시는 분은 모세가 아니라 하나님이십니다. 모세는 하나님이 세우신 지도자지만 하나님을 따라갈 따름입니다.

오늘날은 성령님과 말씀이 앞서 가시고 그 다음에 성도들이 따라갑니다. 그러므로 우리는 말씀을 읽을 때마다 앞서 가시는 하나님을 고백해야 합니다. 불투명한 미래가 불안해서 점을 치고 책을 보고 할 필요가 없습니다. 우리보다 앞서 가시는 하나님을 따르기만 하면 됩니다. 어떻게 따릅니까? 성경을 따르면 됩니다.

하나님은 만물을 창조하신 뒤 손 놓고 계신 분이 아닙니다. 아침마다 해를 떠오르게 하시고 지구가 쉼 없이 돌아가도록 먼저 준비하시고 행하십니다. 하나님은 우리 가운데 임재하셔서 앞서 가시며 우리를 인도하십니다.

어느 초등학생이 학교 수업을 마치고 나서 엄마에게 이렇게 불평했습니다.

"엄마! 나 학교 안 갈래!"

"왜?"

"우리 선생님은 무식해! 너무 아는 게 없어! 자기가 아무것도 모르니까 나한테 자꾸 물어보는 거 아냐!"

혹시 우리가 이 초등학생처럼 하나님을 오해하고 있지 않습니까? 아이는 학습의 기술 중 하나로 질문하는 것을 선생님이 무식해서 묻는 것으로 오해하고 있습니다. 우리도 혹시 '하나님은 왜 이렇게 모르시는 게 많아? 왜 자꾸 일일이 말하라고 해? 하나님은 능력이 없으신가 보다!' 라고 오해할 수 있습니다.

우리가 기도하는 것은 하나님이 우리의 사정과 형편을 몰라서 하는 것이 아닙니다. 하나님은 이미 우리의 과거와 현재, 미래까지도 다 아십니다. 그렇다면 왜 기도하는 것입니까?

나는 어렸을 때 주일학교에서 "너희의 있어야 할 것을 다 아시느니라"는 말씀을 읽고 너무 은혜를 받았습니다. 그래서 그때부터 기도하지 않았습니다. 어른들이 철야기도 하면서 부르짖고, 열심으로 통성기도 할 때면 속으로 '참 철이 없으신 분들이다. 하나님이 다 아시는데 뭐 하러 소리 질러?' 하며 혀를 찼습니다. 나는 그 후로 오랫동안 기도하면 "다 아시죠?" 하고 한마디만 했습니다.

그러다 대학 때였던 것 같습니다. 그날도 기도하면서 "다 아시죠?" 했더니 뭔가 망치로 때리는 듯한 울림이 있었습니다. "그래! 다 안다! 근데 너는 나를 아니? 네가 나를 모르는 게 문제잖니?"

그렇습니다. 기도는 하나님이 나를 모르시기 때문이 아니라, 우리가 하나님을 모르기 때문에 하는 것입니다. 하나님은 아시지만 우리가 내게 있어야 할 것이 무엇인지 모르기 때문에 기도해야 합니다.

기도는 하나님께 우리의 필요를 아뢰는 게 아니라 우리에게 있어야 할 것을 하나님께 배워서 그것을 구함으로 얻어야 하는 것입니다. 하나님이 알아서 우리의 필요를 채우시면 되지 않느냐 하십니까? 사람은 구하지 않고 얻으면 내가 한 줄로 착각합니다. 그래서 감사할 수 없습니다.

기도는 우리보다 앞서 행하시는 하나님의 뜻을 깨달아 그 뒤를 좇아가야 하기 때문에 해야 합니다. 우리보다 앞서 행하시는 하나님은 우리를 먼저 사랑하신 하나님입니다. 우리가 아직 죄인 되었을 때, 우리가 연약할 때, 우리가 하나님과 원수 되었을 때, 우리가 하나님을 사랑하지도 않고 하나님을 멀리 떠나 있을 때, 하나님은 먼저 우리를 사랑하셨습니다.

다음은 키에르케고르가 드린 기도입니다.

"오, 하나님. 당신은 우리를 먼저 사랑하셨습니다. 우리는 그것을 역사적 관점에서 생각하여, 하나님께서 먼저 우리를 사랑하신 것은 과거의 한 시점부터 시작된 것이라고 여깁니다. 하지만 하나님께서는 우리를 먼저 사랑하시되 한순간도 쉼 없이 일생에 걸쳐 매 순간 먼저 사랑하십니다. 아침에 일어나 우리 영혼이 하나님께 나아갈 때, 당신은 그곳에 먼저 와 계셔서 우리를 먼저 사랑하십니다. 새벽에 일어나자마자 내 영혼이 기도 가운데 하나님께 나아갈 때, 당신은 나보다 앞서 그곳에 계시사 나를 먼저 사랑하십니다. 복잡한 일상으로부터 물러나와 내 영혼이 하나님께 나아갈 때, 당신은 먼저 그곳에 계시며 또한 영원히 계십니다."

하나님은 우리보다 먼저 준비하시는 하나님입니다. 우리가 어머니의 뱃속에 잉태된 순간부터 하나님은 먼저 준비하셨습니다. 한 여인의 마음을 어머니의 마음으로 바꾼 것입니다. 자기밖에 모르는 이기적인 인간의 마음을 조건 없이 퍼 주시는 하나님의 마음으로 바꾸신 것입니다. 그래야 사랑받고 사랑하며 살 수 있기 때문입니다.

그런데 때로 하나님은 내가 도무지 이해할 수 없는 방식으로 앞서 인도하시기도 합니다. 아브라함의 나이 백 세에 주신 이삭을 바치라는 요구가 그런 것입니다. 그러나 아브라함은 이해할 수 없어도 순종했고 결국 이삭을 대신할 어린 양을 바칠 수 있었습니다. 이때 아브라함은 '여호와 이레'라며 하나님을 찬송했지요. '여호와 이레'란 '하나님이 준비하셨다'는 뜻인데, 원래는 '보고 계시다'라는 뜻입니다. 하나님이 아브라함의 마음과 행동을 보고 계셨다는 뜻인데, 그저 지켜본 것이 아니라 어린 양을 준비해 놓고 보고 계셨습니다.

하나님은 우리가 말해야 아시는 분이 아니라, 미리 보고 준비하시는 여호와 이레의 하나님입니다. 이삭을 대신할 어린 양을 준비하셨을 뿐 아니라 인류의 죄를 대속할 예수 그리스도의 십자가도 준비하신 하나님입니다. 나아가 장차 모든 백성을 구속하시는 완전한 새 땅과 새 하늘을 준비하시는 하나님입니다.

요셉이 형들의 미움을 사서 애굽의 노예로 팔려 갔을 때도 도무지 그 상황을 이해할 수 없었습니다. 더구나 보디발 아내의 모함으로 감옥까지 갔습니다. 억울했습니다 그러다 요셉은 놀랍게도 애굽의 총리가 되었습니다. 하지만 그때도 요셉은 자기 인생을 이해할 수 없었습니다. 그런데 극심한 가뭄으로 가나안에 있던 형들이 찾아와 그 앞에 엎드렸을 때에야, 자기보다 먼저 가서 준비하신 하나님의 은혜와 섭리를 이해할 수 있었습니다.

> "하나님이 큰 구원으로 당신들의 생명을 보존하고 당신들의 후손을 세상에 두시려고 나를 당신들보다 먼저 보내셨나니 그런즉 나를 이리로 보낸 이는 당신들이 아니요 하나님이시라 하나님이 나를 바로에게 아버지로 삼으시고 그 온 집의 주로 삼으시며 애굽 온 땅의 통치자로 삼으셨나이다"(창 45:7-8).

요셉의 해석이 놀랍습니다. 그동안 이해할 수 없었던 인생의 고난과 역경은 앞서 행하신 하나님의 섭리 가운데 일어난 일임을 요셉은 분명하게 깨닫고 있습니다. 아브라함의 후손인 요셉이 애굽의 총리가 될 수 있었던 것도 하나님이 준비하신 고난 때문에 가능한 일이었습니다.

왜 나에게 이런 고난이 닥친 걸까 합니까? 앞서 행하시는 하나님의 섭리 가운데 있음을 믿으시기 바랍니다. 아브라함처럼, 요셉처럼, 모세처럼 먼저 행하시는 하나님을 믿음으로 순종하면 고난이 축복으로 해석되는 날이 올 것입니다.

남북전쟁 중에 한 남부군 병사가 쓴 기도문이 있습니다.

"큰일을 이루기 위해 힘을 주십사 하나님께 기도했더니, 겸손을 배우라고 연약함을 주셨습니다. 많은 일을 해낼 수 있는 건강을 구했더니 보다 가치 있는 일을 하라고 병을 주셨습니다. 행복해지고 싶어 부유함을 구했더니 지혜로워지라고 가난을 주셨습니다. 세상의 칭찬을 받고자 성공을 구했더니 뽐내지 말라고 실패를 주셨습니다. 삶을 누릴 수 있게 모든 것을 갖게 해달라고 기도했더니 모든 것을 누릴 수 있는 삶, 그 자체를 선물로 주셨습니다. 구한 것 하나도 주시지 않았지만 내 소원 모두 들어주셨습니다. 하나님의 뜻을 따르지 못하는 삶이었지만, 내 마음속에 표현하지 못한 기도는 모두 다 들어주셨습니다. 나는 그 축복을 모두 받은 사람입니다."

하나님은 때로 우리가 바라는 간구와 다른 응답을 주시기도 합니다. 그러나 그것도 먼저 행하시는 하나님의 은혜입니다. 신실한 하나님은 원치 않는 응답을 축복으로 주십니다. 지금은 해석되지 않아도 미래의 어느 때에 그것이 축복이었음을 감사함으로 해석할 날이 옵니다. 앞서 행하시는 여호와 이레의 하나님을 믿음으로 말씀과 기도로 순종하며 나아가기를 바랍니다.

기도는 하나님이 나를 모르시기 때문이 아니라,

우리가 하나님을 모르기 때문에 하는 것입니다.

PART 3

은혜는
마르지 않는다

³¹ 여호와의 말씀이니라 보라 날이 이르리니 내가 이스라엘 집과 유다 집에 새 언약을 맺으리라 ³² 이 언약은 내가 그들의 조상들의 손을 잡고 애굽 땅에서 인도하여 내던 날에 맺은 것과 같지 아니할 것은 내가 그들의 남편이 되었어도 그들이 내 언약을 깨뜨렸음이라 여호와의 말씀이니라 ³³ 그러나 그날 후에 내가 이스라엘 집과 맺을 언약은 이러하니 곧 내가 나의 법을 그들의 속에 두며 그들의 마음에 기록하여 나는 그들의 하나님이 되고 그들은 내 백성이 될 것이라 여호와의 말씀이니라 ³⁴ 그들이 다시는 각기 이웃과 형제를 가리켜 이르기를 너는 여호와를 알라 하지 아니하리니 이는 작은 자로부터 큰 자까지 다 나를 알기 때문이라 내가 그들의 악행을 사하고 다시는 그 죄를 기억하지 아니하리라 여호와의 말씀이니라

렘 31:31-34

CHAPTER 11

은혜에도
단계가 있다?

나는 '하나님의 은혜' 하면 가장 먼저 떠오는 단어가 '새 언약'입니다. 그런데 이 '새 언약'을 설명하자니 두렵고 떨리는 마음이 앞섭니다. 과연 이 놀라운 축복의 언약을 어떻게 해야 잘 설명할 수 있을지 막막하기만 합니다. 그만큼 내게 '새 언약'의 은혜는 특별한 은혜입니다.

하나님이 우리 인간과 언약을 맺으셨습니다. 그런데 이 사실이 정말이지 은혜가 아닐 수 없습니다. 만물의 창조자이신 하나님이 피조물인 인간과 언약을 맺으실 이유가 없기 때문입니다.

우리는 흔히 사람들과 약속을 합니다. "식사 한번 합시다." 그러나 일이 생겨서 약속을 못 지킬 경우 "내가 이런저런 이유가 생겨서 약속을 못 지키겠습니다" 하고 설명하면 상대방이 이해해 줍니다. 약속은 사정이 생겨서 못 지킬 수 있습니다. 약속을 어겼다고 상대방에게 시간적, 정신적 손해를 끼쳤으므로 얼마간의 변상을 해야 한다든가 하는 일은 일어나지 않습니다.

그런데 만일 서로 약속한 것을 계약서로 만들고 서로 서명까지 한다면 어떻게 될까요? 친구끼리는 이런 호들갑을 떨지 않습니다. 만일 친구끼리 이렇게 했다면 큰 문제입니다. 둘 사이에 신의가 깨졌다는 의미이니까요. 따라서 계약서를 쓴다는 것은 서로간에 믿지 못한다는 전제가 용인된다는 뜻입니다. 계약서에는 대개 약속을 어길 경우 그에 따른 처벌 내지는 손해를 감수한다는 내용이 담깁니다.

하나님도 인간과 계약을 맺었습니다. 그런데 하나님이 믿지 못할 분이라서 계약을 맺었을까요? 하나님은 신실하시고 변함이 없으시며 무엇보다 반드시 약속을 지키시는 분입니다. 따라서 하나님 입장에서 인간과 계약을 맺을 하등의 이유가 없습니다. 그럼에도 하나님이 인간과 계약을 맺는 것은 하나님이 스스로 믿을 수 없는 존재임을 용인한다는 의미입니다. 인간을 위해 스스로 낮추시는 것입니다. 하나님이 스스로 낮추시지 않으면 인간과 계약을 맺을 수 없기 때문입니다.

사실 하나님은 하나님의 뜻대로, 생각대로 행하시면 됩니다. 우리에 대한 계획을 그대로 실행하시면 그만입니다. 우리와 언약을 맺으시고 그 언약을 따라 행하실 아무런 이유가 없으신 분입니다. 따라서 '하나님

의 언약'에는 스스로 인간의 수준으로 낮추신 하나님의 겸손과 은혜가
나타나 있습니다.

하나님은 하나님이 세우신 언약에 스스로를 묶어 놓으셨습니다. 그
래서 우리가 하나님을 움직일 수 있는 유일한 비결은 이 언약을 붙잡는
것입니다. 언약은 하나님의 은혜가 우리에게 부어지는 연결 통로입니
다. 하나님은 언약을 반드시 이루시는 분이기 때문입니다. 역사상 많은
그리스도인들이 하나님의 언약을 발견하고 그 언약에 자신을 맡겼습니
다. 그들은 언약을 통해 반드시 약속을 지키시는 하나님을 발견했고, 언
약에 나타난 우리의 정체성을 발견했으며, 이로써 하나님의 은혜를 경
험함으로 자기 인생을 맡길 수 있었습니다.

하나님의 은혜의 통로인 언약에는 두 종류가 있습니다.

생명을 담보하는 언약

청교도들은 하나님의 언약을 행위언약과 은혜언약으로 구분했습니
다. 행위언약은 하나님이 아담과 맺은 언약입니다. 창세기에는 하나님
이 아담과 언약을 맺었다는 구체적인 언급은 없습니다. 하지만 호세아
는 이스라엘 백성이 하나님과 언약을 어긴 것을 이렇게 설명하고 있습
니다.

"그들은 아담처럼 언약을 어기고"(호 6:7).

이는 곧 하나님이 아담과 언약을 맺었는데, 그것은 에덴동산의 각종 열매는 먹되 선악을 알게 하는 나무는 먹지 말라는 내용이었습니다. 하나님은 아담과 하와를 만든 뒤 에덴동산을 창설하고 그들에게 무한한 축복을 주셨습니다. 그러나 한 가지 금기를 주시고 지킬 것을 명령하셨습니다.

먹는 것은 행위입니다. 따라서 하나님이 주신 모든 축복의 조건은 행위입니다. 먹지 않으면 모든 축복을 누릴 수 있는 것입니다. 그런 의미에서 하나님과 아담이 맺은 최초의 언약은 행위언약이었습니다.

그런데 아담과 하와는 행위로써 하나님이 스스로 낮추어 맺어 주신 언약을 깨뜨리고 맙니다. 이때 하나님은 놀랍게도 아담과 하와에게 은혜의 약속을 주셨습니다.

"내가 너로 여자와 원수가 되게 하고 네 후손도 여자의 후손과 원수가 되게 하리니 여자의 후손은 네 머리를 상하게 할 것이요 너는 그의 발꿈치를 상하게 할 것이니라"(창 3:15).

십자가의 완전한 승리를 약속한 말씀입니다. 약속을 어긴 아담과 하와에게 회복의 약속을 해주신 것입니다.

이후 하나님은 노아와 언약을 맺으시고 아브라함과 언약을 맺으시고 모세와 언약을 맺으셨습니다. 또 다윗과 언약을 맺으시고 역사상 여러 시대의 인물들과 언약을 맺으셨습니다. 바로 은혜언약을 맺으신 것입니다.

흔히 구약을 옛 언약, 신약을 새 언약으로 구분하는데, 사실 하나님이 아담 이후로 맺으신 언약은 모두 은혜언약입니다. 왜 은혜언약입니까? 인간의 행위에 기초하지 않은 언약이며, 인간은 행위로 지킬 수 없는 존재임을 깨닫게 하셔서 하나님이 회복시키시고 구원하시고 은총 베푸시는 언약이기 때문입니다.

이 은혜언약은 옛 언약과 새 언약으로 나뉩니다. 모세를 통해 율법을 주신 것이 옛 언약이고 우리 안에 성령님의 임하심이 새 언약입니다.

한글성경은 언약과 약속을 혼재해서 쓰고 있습니다. 하나님의 약속이라고도 하고 하나님의 언약이라고도 했습니다. 그런데 언약과 약속은 엄연히 다른 단어입니다. 당연히 구별해서 사용해야 합니다. 영어로 'promise'는 약속을 뜻합니다. 반면에 'covenant'는 계약을 뜻합니다. 나는 '하나님의 언약'이라고 해야 바른 표현이라고 생각합니다. 언약을 '계약'이라고 표현하기도 하는데 이 경우도 언약이 맞다고 생각합니다.

언약은 히브리어로 '베리트'인데, 이를 약속으로 해석하면 원래 베리트가 가진 의미를 다 표현할 수가 없습니다. 나는 앞에서 약속은 깨뜨릴 수 있는 것이라고 설명했습니다. 그런데 고대 근동 셈족에게 '베리트'는 언약을 맺은 두 당사자 중 하나가 언약을 깨뜨렸을 경우 깨뜨린 사람이 죽어야 한다는 의미를 갖고 있습니다. 약속이라는 가벼운 단어에 이렇게 무거운 의미를 담기는 어려운 것입니다.

당신은 생명을 담보로 약속을 해 본 적이 있습니까? 집을 담보로 은행에서 돈을 빌려 본 적은 있을 것입니다. 그러나 목숨을 담보로 무언가를 약속하는 사람은 아무도 없습니다. 그런데 고대 근동 사람들은 굳이 그렇게까지 하지 않아도 되는 일에도 목숨을 건 약속을 했습니다. 그리고 이 언약에는 다양한 예식이 치러졌습니다.

대표적인 예식이 벨트나 무기를 교환하는 것이었습니다. 사무엘서에는 요나단이 다윗에게 자기의 무기를 주는 장면이 나오는데, 이는 '너의 적은 곧 나의 적'임을 약속하는 행위이며 서로 자신의 정체성을 교환하는 행위입니다.

언약의 예식 중에는 손과 손목을 찢어서 서로 마주잡고 피를 섞는 예식도 있었습니다. 이것 역시 '이 약속이 깨지면 죽임을 당해도 좋다'는 것을 맹세하는 예식입니다. 이사야서에는 "내가 너를 내 손바닥에 새겼고"(사 49:16)라는 하나님의 말씀이 나옵니다. 이스라엘 백성은 이 말씀을 하나님의 언약으로 이해했을 것입니다.

창세기 15장에는 하나님이 아브라함과 언약하는 장면이 나옵니다. 그런데 여기서도 언약을 위한 예식이 등장합니다.

"주 여호와여 내가 이 땅을 소유로 받을 것을 무엇으로 알리이까"(창 15:8).

하나님이 아브라함에게 자손과 땅을 주겠다고 약속하시자 아브라함이 그 약속이 이뤄질 줄 어떻게 알겠느냐고 묻고 있는 장면입니다. 그러자 하나님이 언약에 대한 증표로 어떤 예식을 준비하게 하십니다.

"나를 위하여 삼 년 된 암소와 삼 년 된 암염소와 삼 년 된 숫양과 산비둘기와 집비둘기 새끼를 가져올지니라 아브람이 그 모든 것을 가져다가 그 중간을 쪼개고 그 쪼갠 것을 마주 대하여 놓고 그 새는 쪼개지 아니하였으며… 해가 져서 어두울 때에 연기 나는 화로가 보이며 타는 횃불이 쪼갠 고기 사이로 지나더라"(창 15:9-17).

위 말씀은 당시 두 사람 사이에 언약을 맺을 때 치른 언약 예식 중 하나를 묘사하고 있습니다. 짐승을 둘로 쪼개 마주 놓은 뒤 그 사이를 두 사람이 지나간 다음 한 사람은 짐승 사이를 지나며 왼쪽으로 돌고 다른 한 사람은 오른쪽으로 돌며 8자를 그리는 예식입니다. 이것 역시 목숨을 건 언약을 위한 예식이었습니다. 하나님은 지금 아브라함과 생명을 건 언약을 맺고 있는 것입니다. 그런데 한 가지 이상한 점이 발견됩니다.

"해가 져서 어두울 때에 연기 나는 화로가 보이며 타는 횃불이 쪼갠 고기 사이로 지나더라"(창 15:17).

'타는 횃불'은 하나님의 임재를 뜻합니다. 그런데 쪼갠 짐승 사이를 지나간 것은 하나님 혼자였습니다. 아브라함은 그 사이를 지나지 않았습니다. 왜 그렇습니까? 하나님은 지금 자신의 생명을 걸고 언약을 지키겠다고 하시는 것입니다.

예수님이 제자들과 함께 마지막 식탁을 나누면서 "내 몸이니라… 이것은 많은 사람을 위하여 흘리는 나의 피 곧 언약의 피니라"(막 22-24)고 하신 것도 언약을 맺는 의식입니다. 당시 사람들은 언약을 체결할 때 음식을 함께 먹음으로써 언약을 확증했던 것입니다.

또 언약을 체결하면서 이름을 바꾸기도 했습니다. 성경에도 하나님이 손수 이름을 바꿔 준 사람들이 있습니다. 아브람은 아브라함으로, 야곱은 이스라엘로, 시몬은 베드로, 게바로 이름을 바꾸셨습니다. 이 또한 언약의 의미로서, "내가 너와 언약의 관계로 들어가겠다"를 의미합니다.

이처럼 하나님은 아담 때부터 우리와 언약을 맺어 주셨습니다. 아담과는 행위언약을 맺으셨지만, 아담이 행위로 언약을 깨뜨린 뒤에는 우리를 구원하기 위해 은혜언약을 맺어 주셨습니다.

하나님은 우리와 왜 언약을 하셨을까?

- 언약의 첫 번째 단계: 율법

그런데 하나님은 왜 인간과 언약을 맺으려 하십니까? 그것은 인간의 구원을 위한 두 가지 조건을 완성하시기 위해서입니다.

구원은 전적으로 하나님이 이뤄 주시는 것입니다 인간은 자신을 스스로 구원할 수 없습니다. 아담과 하와는 하나님과 언약을 깨뜨린 행위를 한 뒤 스스로 회개하고 돌아오지 않았습니다. "아담아, 네가 왜 이렇게 했느냐?"고 하나님이 물으실 때 아담은 당연히 어떻게 반응해야 했습니까? "하나님 제가 잘못했습니다. 제가 하나님이 정하신 룰을 어겼습니다. 회개합니다 돌이키겠습니다" 해야 했습니다. 하지만 아담은 하와에게 책임을 전가하며 핑계만 댔습니다. 두려워서 숨기 바빴습니다. 그리고 에덴동산에서 쫓겨난 뒤에도 닫힌 문을 두드리며 "하나님, 다시 돌아가고 싶습니다. 하나님 우리를 다시 에덴동산으로 들여보내 주십시오" 하고 간청하지 않았습니다. 하나님을 찾지도 않고 부르지도 않았습니다.

우리 중 어느 누구도 태어날 때부터 "나는 하나님을 사랑합니다" 한 사람은 아무도 없습니다. 우리는 본질상 하나님을 스스로 찾지 않습니다. 하나님의 은혜가 임하지 않는 한 스스로 하나님께 돌아오지 않습니다. 그래서 하나님이 먼저 찾아오십니다. 그런데 문제는 하나님이 인간이 구원받도록 모두 이루셨는데도 인간이 그것을 받아들이고 믿을 능력이 없는 것입니다.

그런 까닭에 하나님은 인간을 구원하기 위해 두 가지 조건을 마련해야 했습니다. 하나는 예수 그리스도의 십자가를 통해 인간을 구원하실 계획을 완성하는 것이며, 다른 하나는 이것을 믿음으로 받아들이지 못하는 인간의 불신앙을 치료하는 것입니다.

언약은 인간의 불신앙을 치료하는 방법입니다. 인간과 언약을 맺어야 할 하등의 이유가 없는 하나님이 그 언약을 어떻게 신실하게 이루시는가를 보여 주심으로써 인간의 불신앙을 믿음으로 돌려놓으시는 겁니다.

"믿음의 주요 또 온전하게 하시는 이인 예수를 바라보자"(히 12:2).

히브리서는 예수님을 '믿음의 주', '온전케 하시는 주'라고 표현하고 있습니다. '믿음의 주'는 히브리 원어로 믿음의 창시자, 곧 믿음을 만드시는 분이라는 뜻입니다. 그리고 '온전케 하시는 주'란 믿음을 완성시켜 주시는 분이라는 뜻입니다. 그러므로 내 안에 있는 믿음도 내가 한 것이 아닙니다. 하나님이 언약대로 예수 그리스도를 통해 찾아오셔서 믿음을 주신 것입니다.

하나님은 아담 이후로 태어난 백성들을 구원하기 위해서 언약으로 찾아오십니다. 노아를 찾아오셨고 아브라함을 찾아오셨고 모세를 찾아오셨고 다윗을 찾아오셨습니다.

옛 언약이든 새 언약이든 한마디로 표현하면 하나님 은혜 안에 있는 약속입니다. 그런데 언약이 이렇게 두 가지가 있다는 것은 하나님이 인간을 구원하실 때 두 단계가 필요하다는 것을 시사합니다.

이것은 인간관계를 생각하면 쉽게 이해할 수 있습니다. 누군가에게 은혜를 베푼다고 할 때 그 은혜가 은혜 되려면 받는 사람이 은혜받기를 진심으로 원해야 합니다. 절박하게 은혜받기를 소원해야 합니다. 그렇지 않으면 은혜는 땅에 버려지는 쓰레기처럼 하찮은 것이 되고 맙니다. 아무리 놀랍고 큰 은혜를 주고 싶어도 받는 사람이 그것을 하찮게 여기면 은혜가 은혜 되지 못하는 겁니다.

그래서 하나님은 첫 번째 단계로, 우리가 얼마나 큰 죄인인지, 얼마나 비참한 상태에 놓여 있는지, 그래서 하나님의 은혜가 얼마나 필요한 존재인지를 깨닫게 하십니다. 이것을 깨닫게 하기 위해 모세를 통해 율법을 주셨습니다. 즉 옛 언약입니다.

"여호와의 말씀이니라 보라 날이 이르리니 내가 이스라엘 집과 유다 집에 새 언약을 맺으리라 이 언약은 내가 그들의 조상들의 손을 잡고 애굽 땅에서 인도하여 내던 날에 맺은 것과 같지 아니할 것은 내가 그들의 남편이 되었어도 그들이 내 언약을 깨뜨렸음이라 여호와의 말씀이니라"(렘 31:31-32).

새 언약은 하나님이 애굽 땅에서 이스라엘을 이끌어내실 때 맺은 언약과 다르다고 말하고 있습니다. 그렇다면 하나님이 출애굽할 때 이스라엘과 맺은 언약은 무엇입니까? "나는 너를 애굽 땅, 종 되었던 집에서 인도하여 낸 네 하나님 여호와니라"(출 20:2)로 시작되는 십계명과 그것의 구체적인 사항들이 출애굽기 20~23장에 나옵니다. 그리고 출애굽기 24장에 이르면 하나님이 모세를 통해 주신 언약을 다 들은 이스라엘 백성이 "여호와의 모든 말씀을 우리가 준행하리이다"(출 24:7)고 약속합니다. 그러자 모세가 번제와 화목제를 드리고 남은 피를 절반은 제단에, 남은 절반은 백성에게 뿌리는 의식을 거행합니다.

> "모세가 여호와의 모든 말씀을 기록하고 이른 아침에 일어나 산 아래에 제단을 쌓고 이스라엘 열두 지파대로 열두 기둥을 세우고 이스라엘 자손의 청년들을 보내어 여호와께 소로 번제와 화목제를 드리게 하고 모세가 피를 가지고 반은 여러 양푼에 담고 반은 제단에 뿌리고 언약서를 가져다가 백성에게 낭독하여 듣게 하니 그들이 이르되 여호와의 모든 말씀을 우리가 준행하리이다 모세가 그 피를 가지고 백성에게 뿌리며 이르되 이는 여호와께서 이 모든 말씀에 대하여 너희와 세우신 언약의 피니라"(출 24:4-8).

오늘날 만일 모세와 같은 권위자가 우리에게 짐승의 피를 뿌린다면 우리는 당황하고 나중에는 화를 낼 것입니다. 그러나 이스라엘 백성은 모세의 행동을 아무렇지도 않게 받아들입니다. 왜냐하면 당시는 언약을 맺을 때 언제나 피를 봤기 때문입니다. 짐승을 둘로 쪼갤 때도 피가 흥건하게 땅에 흘렀습니다. 사람들은 그 피를 보면서 이 언약을 어기면 죽음이 임한다는 것을 의식했던 것입니다. 그래서 유대인들은 언약을 맺을 때 '맺는다' 하지 않고 '끊어 낸다' 혹은 '잘라 낸다'고 표현합니다. 이는 할례와도 관계가 있는데, 할례란 '몸의 일부분을 끊어 내다, 잘라 내다'라는 뜻으로 죽음을 상징합니다. 따라서 언약을 어길 경우 죽임당할 것을 각오한다는 의미입니다.

한편, 이스라엘 백성이 "여호와의 모든 말씀을 우리가 준행하리이다" 하자 모세가 피를 뿌리는데, 이는 이 언약에 실패할 것이라는 예언적 행동이라고 할 수 있습니다. "너희가 이 언약을 지키지 않으면 죽음을 면치 못할 것이다"는 예언을 한 것입니다. 실제로 모세의 예언은 이스라엘의 멸망으로 현실화되었습니다.

아브라함을 통해 시작된 약속의 말씀은 모세에 이르러 이스라엘이라는 창대한 한 민족, 한 국가를 이루게 됩니다. 그리고 모세를 통해 주신 약속은 다윗에 이르러 놀라운 왕국을 이루게 됩니다. 그러나 이스라엘은 곧 모세의 예언대로 몰락하고 말았습니다. 예레미야는 왜 예루살렘의 멸망을 슬프게 예언해야 했습니까? 에스겔은 왜 그발 강가에서 탄식하며 울며 기도했습니까?

이스라엘이 이날 한 약속을 준행하지 않았기 때문입니다. 이날 모세가 짐승의 피를 백성들에게 뿌렸듯이, 이스라엘이 멸망한 날 백성의 피가 이스라엘 땅에 흥건하게 뿌려졌습니다.

신명기는 하나님과 한 이 언약을 지키면 얼마나 큰 축복이 임할 것인지를 약속하는 동시에 지키지 않으면 얼마나 큰 재앙이 올 것인지를 약속하고 있습니다. 신명기 28장 1절부터 14절까지는 신이 나서 읽을 수 있습니다. 온 민족의 머리가 되겠다, 들어와도 나가도 복을 받겠다, 대적들이 한 길로 왔다가 열 길로 도망칠 것이다, 너무 신이 납니다. 그러나 15절부터는 너무 우울해서 읽고 싶지 않습니다. 온 민족의 꼬리가 될 것이다, 들어와도 나가도 저주를 받을 것이다, 온통 절망스런 내용이 열거되는데 축복의 말씀보다 3배나 더 많습니다. 우리는 정말이지 축복받을 만한 행동을 하기보다 저주받을 만한 행동을 할 확률이 3배나 더 많은 존재입니다. 그런데 문제는 이토록 길게, 무섭게 저주를 퍼붓는데도 우리가 이 저주를 귀담아듣지 않는 것입니다. 축복의 말씀만 듣고 싶어 하고 저주의 말씀은 한 귀로 듣고 한 귀로 흘려 버립니다. 그 결과 이스라엘은 땅에 흥건히 피를 흘리며 멸망하고 말았습니다.

그렇다면 하나님의 언약은 이것으로 끝났습니까?

절망에서 시작된 새 언약

– 언약의 두 번째 단계: 마음을 고치심

하나님은 이스라엘이 피로 맺은 이 언약을 지키지 못했음에도 다시 새롭게 은혜의 언약을 시작하십니다. 하나님은 아브라함과 언약을 맺으시면서 짐승 사이로 홀로 지나가셨습니다. 이미 은혜의 언약을 하신 것입니다.

하나님은 자신이 창조하시고 택하시고 백성 삼으신 백성을 불순종했다고 끝내 버리시는 분이 아닙니다. 그랬다면 하나님은 노아를 살려 두시지 않았을 것입니다. 아브라함을 택하시지 않았을 것입니다. 이스라엘 백성을 출애굽시키지 않았을 것입니다. 멸망당한 백성들을 남겨두시지 않았을 것입니다.

하나님은 은혜의 하나님이십니다. 은혜의 하나님은 이제 새롭게 은혜의 언약을 맺으십니다.

이스라엘의 역사에서 새 언약이 집중적으로 드러나는 때가 언제인줄 아십니까? 바로 이스라엘이 멸망할 때입니다. 예레미아는 예루살렘에서, 에스겔은 포로로 잡혀간 바벨론에서 하나님의 새 언약을 선포한 대표적인 선지자들입니다. 언제 새 언약이 나왔습니까? 이스라엘이 멸망 가운데 처했을 때입니다. 그들이 절대로 옛 언약을 지킬 수 없는 존재라는 것을 깨달았을 때입니다. 하나님의 백성이 절망 가운데 있을 때 하나님은 새 언약을 주셨습니다.

새 언약이 옛 언약보다 더 은혜롭다는 뜻이 아닙니다. 하나님이 맺으신 언약은 다 온전하고 은혜로운 것입니다. 옛 언약이라고 해서 낡아져 처분해야 마땅한 언약이라는 뜻이 아닙니다. 중고차를 버리고 새 차를 사는 그런 의미가 아닌 것입니다.

옛 언약은 먼저 주어진 약속입니다. 먼저 주어진 약속이 하나님이 의도하신 대로 다 이루어졌기 때문에 이제 새로운 단계의 새 언약이 필요해진 것입니다. 옛 언약이 부족하고 문제가 있어서 새 언약이 필요한 것이 아닙니다.

"율법으로는 죄를 깨달음이니라"(롬 3:20)는 말씀처럼 옛 언약 아래서 인간은 인간이 얼마나 절망적인 존재인지를 깨달았습니다. 이스라엘의 멸망은 곧 인간 스스로는 하나님의 약속을 지킬 수 없음을 나타내는 사건이었습니다. 인간의 행위로는 하나님 앞에서 의로울 수 없음을 나타내는 사건이었습니다. 이 사실을 깨닫는 순간 하나님은 새로운 언약을 주셨습니다.

"그러나 그날 후에 내가 이스라엘 집과 맺을 언약은 이러하니 곧 내가 나의 법을 그들의 속에 두며 그들의 마음에 기록하여 나는 그들의 하나님이 되고 그들은 내 백성이 될 것이라 여호와의 말씀이니라 그들이 다시는 각기 이웃과 형제를 가리켜 이르기를 너는 여호와를 알라 하지 아니하리니 이는 작은 자로부터 큰 자까지 다 나를 알기 때문이라 내가 그들의 악행을 사하고 다시는 그 죄를 기억하지 아니하리라 여호와의 말씀이니라"(렘 31:33-34).

새 언약의 내용은 무엇입니까? 모세를 통해 주신 옛 언약은 돌에다 율법을 새겨 주셨으나 새 언약은 마음에 새겨 주시겠다고 합니다. 율법을 마음에, 생각에 새겨 주시겠다는 것입니다. 이는 율법을 단지 암송해서는 안 되고 하나님의 은혜를 갈망하고 하나님을 사랑하며 하나님께 순종하는 마음으로 고치시겠다는 뜻입니다. 왜 그렇습니까? 모든 만물보다 부패한 것이 인간의 마음이기 때문입니다. 그 마음을 고치지 않으면 하나님의 놀라운 구원의 역사가 이뤄질 수 없기 때문입니다.

옛 언약이 "행하라"(to do)였다면, 새 언약은 '행해지는 것, 되어지는 것'(to be)입니다. 옛 언약이 해야 하는 'must'였다면, 새 언약은 할 수 있는 'can'입니다. 그래서 "여호와를 알라 하지 않겠다"고 하십니다. 왜냐하면 "다 나를 알기 때문이라"는 것입니다. 무슨 뜻입니까? 옛 언약은 "힘써 여호와를 알라"고 했으나 알 수 없었습니다. 인간의 힘으로는 하나님을 아는 것이 불가능했습니다. 그러나 새 언약에서는 우리 스스로 알려고 애쓰지 않아도 알게 된다는 얘기입니다. 어떻게 그럴 수 있습니까?

"또 새 영을 너희 속에 두고 새 마음을 너희에게 주되 너희 육신에서 굳은 마음을 제거하고 부드러운 마음을 줄 것이며 또 내 영을 너희 속에 두어 너희로 내 율례를 행하게 하리니 너희가 내 규례를 지켜 행할지라"(겔 36:26-27).

우리 안에 계시는 새로운 영, 성령 하나님이 우리가 율례를 행하도록 하시겠다는 것입니다. 그러므로 새 언약의 핵심이 '성령 하나님의 임재'입니다. 예수님은 우리와 함께하시는 임마누엘 하나님이라면 성령 하나님은 우리 속에 계셔서 우리 마음에 율법을 기록해 주시고 우리로 하여금 행하게 만들어 주시는 하나님입니다.

만일 예수 그리스도 안에 있는 새 언약의 축복을 받았음에도 불구하고 여전히 내가 '행해야 한다'고 생각한다면 당신은 아직도 종교생활자에 머물러 있는 것입니다. 옛 언약을 붙잡고 있는 것입니다. 새 언약의 백성들은 행해지는 은혜 안에 살게 됩니다. '여호와를 알아야 한다' 하지 않고 '여호와를 알게 되는' 은혜 안에서 살게 됩니다.

"내가 그들의 악행을 사하고 다시는 그 죄를 기억하지 아니하리라"(렘 31:34).

옛 언약 아래서는 죄를 심판했으나 새 언약 아래서는 용서가 임합니다. 이 말씀 앞에 '왜냐하면'이 빠져 있습니다. "여호와를 알라 하지 않을 것이다. 내가 너희 마음에 율법을 새겨 줄 것이다" 왜냐하면 "내가 너희의 죄를 용서하고 너희의 죄를 기억하지 않을 것이기 때문이다"가 되는 것입니다. 다시 말하면 "예수 그리스도의 십자가의 대속으로 우리 죄를 다 씻어 주시기 때문에, 성령이 우리 가운데 임하시기 때문에, 더 이상 여호와를 알라 하지 않을 것이다. 저절로 알게 되기 때문이다"가 됩니다.

옛 언약에서 주신 십계명과 율법이 성령 안에서 우리 마음에 새겨졌기 때문에 이제는 성령 안에서 행하면 율법을 다 이루는 자가 됩니다. 얼마나 놀라운 축복입니까?

우리는 믿음으로 의로워집니다. 그런데 궁극적으로 우리는 행함으로 의로워집니다. 무슨 말입니까? 여기서 행함이란, 우리의 행위가 아니라 예수 그리스도의 행위입니다. 예수 그리스도가 이루신 행위를 우리가 믿음으로 받아들이는 것입니다. 아담이 행위로 하나님의 언약을 어겼지만 둘째 아담인 예수 그리스도는 행위로 하나님의 언약을 지키셨습니다. 그리고 우리는 예수님이 이루신 것을 믿음으로 받아들이면 예수님의 행위로 의로워져서 구원을 받습니다.

아무리 설명해도 설명할 수 없는 이 새 언약의 은총이 우리에게 주어졌음을 믿음으로 받아들이기 바랍니다. 예수님은 유월절 만찬 때 "내 피를 먹고 내 살을 마시라" 하시면서 이것은 "너희와 세우는 새 언약이다"라고 하셨습니다. 십자가의 죽으심으로 찢기시는 살과 흘리시는 그 피를 우리가 함께 먹고 마심으로 우리가 새 언약의 백성이 되었다는 말씀입니다. 이제 성령 안에서 순종함으로 새 언약의 백성다운 백성이 되기를 바랍니다. 더 나아가 새 언약의 일꾼으로 살아가기를 바랍니다.

옛 언약이 "행하라"(to do)였다면, 새 언약은 '행해지는 것, 되어지는 것'(to be)입니다. 옛 언약이 해야 하는 'must'였다면, 새 언약은 할 수 있는 'can'입니다.

11 여호와께서 모세에게 이르시되 이 백성이 어느 때까지 나를 멸시하겠느냐 내가 그들 중에 많은 이적을 행하였으나 어느 때까지 나를 믿지 않겠느냐 **12** 내가 전염병으로 그들을 쳐서 멸하고 네게 그들보다 크고 강한 나라를 이루게 하리라 **13** 모세가 여호와께 여짜오되 애굽인 중에서 주의 능력으로 이 백성을 인도하여 내셨거늘 그리하시면 그들이 듣고 **14** 이 땅 거주민에게 전하리이다 주 여호와께서 이 백성 중에 계심을 그들도 들었으니 곧 주 여호와께서 대면하여 보이시며 주의 구름이 그들 위에 섰으며 주께서 낮에는 구름기둥 가운데에서, 밤에는 불 기둥 가운데에서 그들 앞에 행하시는 것이니이다 **15** 이제 주께서 이 백성을 하나같이 죽이시면 주의 명성을 들은 여러 나라가 말하여 이르기를 **16** 여호와가 이 백성에게 주기로 맹세한 땅에 인도할 능력이 없었으므로 광야에서 죽였다 하리이다 **17** 이제 구하옵나니 이미 말씀하신 대로 주의 큰 권능을 나타내옵소서 이르시기를 **18** 여호와는 노하기를 더디하시고 인자가 많아 죄악과 허물을 사하시나 형벌 받을 자는 결단코 사하지 아니하시고 아버지의 죄악을 자식에게 갚아 삼사대까지 이르게 하리라 하셨나이다 **19** 구하옵나니 주의 인자의 광대하심을 따라 이 백성의 죄악을 사하시되 애굽에서부터 지금까지 이 백성을 사하신 것같이 사하시옵소서 **20** 여호와께서 이르시되 내가 네 말대로 사하노라 **21** 그러나 진실로 내가 살아 있는 것과 여호와의 영광이 온 세계에 충만할 것을 두고 맹세하노니 **22** 내 영광과 애굽과 광야에서 행한 내 이적을 보고서도 이같이 열 번이나 나를 시험하고 내 목소리를 청종하지 아니한 그 사람들은 **23** 내가 그들의 조상들에게 맹세한 땅을 결단코 보지 못할 것이요 또 나를 멸시하는 사람은 한 사람도 그것을 보지 못하리라 **24** 그러나 내 종 갈렙은 그 마음이 그들과 달라서 나를 온전히 따랐은즉 그가 갔던 땅으로 내가 그를 인도하여 들이리니 그의 자손이 그 땅을 차지하리라 **25** 아말렉인과 가나안인이 골짜기에 거주하나니 너희는 내일 돌이켜 홍해 길을 따라 광야로 들어갈지니라

민 14:11-25

CHAPTER 12

진노를 거두시는
하나님의 은혜의 비밀을 알고 있는가?

현대 교회의 문제 중 하나는 하나님의 진노에 대해 무지하거나 침묵하는 것입니다. 성경 전체에서 하나님에 대한 표현을 보면 사랑의 하나님보다 진노의 하나님이 더 많습니다. 이는 물론 하나님이 사랑보다 진노가 더 크다는 뜻이 아닙니다. 인류의 역사에서 하나님이 진노하실 만한 일이 그만큼 많았음을 알려 줍니다.

창세기 3장에서 하나님이 아담과 하와의 죄에 대해 진노하시고 그들을 에덴동산에서 쫓아내신 뒤 하나님의 징벌이 수없이 반복되는 것을 봅니다. 요한계시록에 나타나는 대환난도 하나님의 진노를 나타냅니다. 또 로마서는 하나님의 사랑, 하나님의 구원을 전하기에 앞서 먼저 나쁜 소식을 전하는데, 우리 죄에 대한 하나님의 진노를 설명하는 것입니다.

이렇듯 사랑의 하나님을 알려면 진노의 하나님도 알아야 합니다. 이는 진리의 하나님을 깨닫지 못하면 은혜의 하나님을 깨닫지 못하는 것과 같은 원리입니다.

우리가 하나님께 받는 은혜는 하나님의 진노로부터 건짐을 받은 은혜입니다. 따라서 이 땅에 하나님의 진노가 얼마나 임해 있는가를 깨닫지 못하면 하나님의 은혜는 놀라운 은혜가 아닌 게 됩니다.

우리의 신앙은 조금 더 나은 사람이 되기 위한 것이 아닙니다. 조금 더 교양 있는 사람이 되기 위한 것이 아닙니다. 보다 종교적이고 철학적인 사람이 되기 위한 것이 아닙니다. 예수 믿는 일은 온 세상에 임한 하나님의 진노로부터 건짐을 받는 것입니다. 홍수로 멸절되는 세상에서 건짐 받은 노아의 가족과 같고, 완전히 멸절될 위기에 놓인 여리고에서 라합과 그의 가족만이 구원을 받은 것과 같습니다.

하나님의 진노가 임한 이 땅에서 우리의 중보자 되신 예수 그리스도를 통해 그 진노에서 건짐 받는 것이 우리의 신앙입니다. 그러므로 우리가 믿는다는 것 자체가 은혜입니다. 이 은혜는 하나님의 진노를 이해하지 않으면 알 수 없습니다. 이 은혜에 대해 절대로 감사할 수 없습니다.

하나님은 왜 진노하시는가?

민수기 14장을 보면 출애굽한 이스라엘 백성이 광야를 지나면서 하나님의 진노를 사고 있습니다. 이유가 무엇입니까? 두 가지입니다.

첫째는, 단순히 하나님께 불평하는 것을 넘어서 하나님을 반역했기 때문입니다. 광야 생활은 참으로 고달픕니다. 물도 마음대로 마시지 못하고 배고파도 마음대로 먹을 수 없습니다. 피곤해서 쉬고 싶어도 아무 데서나 쉴 수가 없습니다. 하나님은 광야를 지나는 이스라엘 백성들의 곤란을 모르시지 않습니다. 그래서 물을 달라 하면 물을 주시고 배고프다 하면 먹을 것을 공급하셨습니다. 그런데 문제는 이스라엘 백성이 단지 불평한 데서 그치지 않고 "애굽으로 돌아가자"고 반역을 일으킨 것입니다. 하나님은 이에 대해 진노하셨습니다.

둘째는, 이스라엘 백성이 하나님을 악한 존재로 규정했기 때문입니다. 그들의 원망을 들어 보십시오.

> "우리가 애굽 땅에서 죽었거나 이 광야에서 죽었으면 좋았을 것을 어찌하여 여호와가 우리를 그 땅으로 인도하여 칼에 쓰러지게 하려 하는가"(민 14:2-3).

이스라엘 백성은 하나님이 일부러 그들을 애굽에서 끌어내어 광야에서 죽게 만든다고 말하고 있습니다. 그동안 하나님은 홍해를 가르시고 만나와 메추라기로 먹이시고 구름기둥과 불기둥으로 그들과 함께하신 신실한 하나님이었습니다. 그런데 그들은 하나님을 악인으로 취급하고 있습니다.

우리는 고난받을 때 너무 힘들어서 하나님을 원망하고 불평할 수 있습니다. 그러나 차라리 예수 그리스도를 안 믿었으면 좋았을 뻔했다, 혹은 하나님이 지금 나를 죽이시려고 작정했다 같은 태도를 보여선 안 됩니다. 그것은 하나님을 진노하게 만듭니다.

이로 인해 하나님은 진노하셨고 모세에게 그 이유를 설명하셨습니다.

> "이 백성이 어느 때까지 나를 멸시하겠느냐 내가 그들 중에 많은 이적을 행하였으나 어느 때까지 나를 믿지 않겠느냐 내가 전염병으로 그들을 쳐서 멸하고 네게 그들보다 크고 강한 나라를 이루게 하리라"(민 14:11-12).

하나님이 진노하신 이유는 무엇입니까? 수많은 이적과 표적을 보여줬음에도 '믿지 않는다'는 것입니다. 더구나 하나님의 선하신 능력과 은혜를 체험했음에도 불구하고 하나님을 업신여긴다는 것입니다. 하나님은 '어느 때까지'를 반복하고 있습니다. 이번이 처음이 아니거니와 수없이 반복된 일이라는 것입니다. 22절에는 "열 번이나 나를 시험"했다고 말씀하십니다.

하나님의 진노는 어느 날 갑자기 폭발하는 활화산 같은 진노가 아닙니다. 마치 먹구름이 계속 짙어져 비를 내리듯이 하나님의 진노는 오래 참으시고 또 참으시다가 터지는 것입니다. 하나님의 진노가 터지는 한계는 무엇입니까? 하나님을 반역하고 하나님을 악한 존재로 규정하는 것입니다.

하나님의 진노는 의롭다

성경에 나타난 하나님의 진노의 중요한 특징은 두 가지가 있습니다. 첫째로, 하나님의 진노는 언제나 의로우신 진노입니다. 의로우신 진노, 공의로운 진노, 마땅히 임해야 할 진노입니다.

"다만 네 고집과 회개하지 아니한 마음을 따라 진노의 날 곧 하나님의 의로우신 심판이 나타나는 그날에 임할 진노를 네게 쌓는도다"(롬 2:5).

둘째로, 언제나 사람이 선택한 결과입니다. 하나님은 절대로 인간이 영문도 모르는데 진노하시지 않습니다. 하나님은 진노하시기 전에 반드시 경고하십니다. 하나님은 사람들이 지옥행을 선택하기 전에 그들

의 마음속에 지옥에 가지 않을 수 있는 진리의 빛, 은혜의 빛을 나타내
보여 주십니다.

> "그를 믿는 자는 심판을 받지 아니하는 것이요 믿지 아니하는 자는 하
> 나님의 독생자의 이름을 믿지 아니하므로 벌써 심판을 받은 것이니라"
> (요 3:18).

믿지 않는 사람들은 예수님을 믿으면 심판받지 않고 믿지 않으면 심
판받는다고 말하면 몹시 기분 나빠 합니다. "예수 믿지 않는다고 괘씸
하게 여겨서 심판하시겠다니 말이 돼?" 하는 것입니다. 그러나 이 말씀
의 전제는 우리가 예수를 믿건 믿지 않건 간에 이 세상은 하나님의 진
노가 임한 상태라는 것입니다. 진노받아 마땅한 시대요, 멸망의 시대요,
말세 중의 말세라는 것입니다.

> "너는 이것을 알라 말세에 고통하는 때가 이르러 사람들이 자기를 사
> 랑하며 돈을 사랑하며 자랑하며 교만하며 비방하며 부모를 거역하며
> 감사하지 아니하며 거룩하지 아니하며 무정하며 원통함을 풀지 아니
> 하며 모함하며 절제하지 못하며 사나우며 선한 것을 좋아하지 아니하
> 며 배신하며 조급하며 자만하며 쾌락을 사랑하기를 하나님 사랑하는
> 것보다 더하며"(딤후 3:1-4).

또 다른 전제는 하나님의 진노는 반드시 의로운 진노라는 것입니다. 하나님이 우리 중 어느 누구도 구원하지 않고 온 세상을 심판하셔도 하나님은 여전히 의로우신 분입니다.

그런데 예수 그리스도가 우리의 대속물이 되어서 하나님의 진노를 혼자 감당하시므로 우리에게 구원의 길을 열어 주셨습니다. 이 사실을 믿는 자에게 구원의 은혜를 베푸셨습니다. 그러므로 이 사실을 믿는 자에게는 구원이, 믿지 않는 자에게는 이미 임한 진노를 받게 되는 것입니다. 예수 믿지 않는다고 괘씸하게 여겨서 심판이 임하는 것이 아니라 이미 임한 진노를 받는 것입니다.

내가 고등학교 때 선생님들 중에 장로님이 있었습니다. 수업도 재미있었고 인격적으로도 훌륭한 선생님이었습니다. 그런데 이 선생님이 수업 시간에 떠들어서 혼을 낼 때 "선생님, 저 교회 다녀요" 하면 벌을 면해 주었습니다. 선생님 딴에는 나한테 맞지 않으려면 교회 다녀라, 하는 일종에 무언의 압력이었던 듯합니다. 물론 교회 다니지 않아서 매를 맞는 아이들도 아파서 얼굴을 찡그리는 법은 없었습니다. 매를 때린다기보다 살짝 건드리는 정도로 벌하셨기 때문입니다.

그런데 만일 요즘에 신앙에 따라 벌을 달리하는 선생님이 있다면 심하면 쫓겨날 수도 있습니다. 그만큼 세상이 각박해졌고 이런 행동에는 오해의 소지가 있기 때문입니다. 하나님이 믿는 자에게는 구원을 베푸시고 믿지 않는 자에게는 심판을 하신다는 오해와 같은 종류입니다. 그러나 분명히 명심할 것은, 믿지 않아서 심판이 임하는 것이 아니라 이미 하나님의 심판이 임했습니다. 하나님의 진노가 임한 것이 우리의 현실입니다. 다만 예수님이 보혈의 피를 흘려 이 하나님의 진노를 면할 길을 열어 주셨습니다. 이 길은 교회를 다니건 다니지 않건 모두에게 열려 있습니다. 그 열린 길을 걷고 걷지 않고는 이 사실을 믿고 안 믿고에 달려 있습니다.

사람들이 이 열린 길을 가지 않는 이유가 무엇입니까? 마땅히 진노받을 세대라는 걸 인정하지 않기 때문입니다. 내가 진노받아 마땅한 존재라는 걸 인정하지 않으니 당연히 하나님의 진노가 의롭지 않게 여겨집니다.

사람이 죽는 것도 죄에 대한 하나님의 진노 중 하나입니다. 인류 역사 속에서 하나님의 진노가 수없이 나타났습니다. 우리는 그것을 마땅한 결과로 알면서도 하나님의 진노로 여기지는 못합니다.

하나님은 인간의 죽음 이후에 있을 영원한 죽음을 피할 길을 준비하시고 이 은혜의 길로 오라고 우리를 부르십니다. 그런데 교만한 인간은 이 은혜의 길을 굳이 거부하고는 만일 지옥이 있다면 하나님은 의로운 분이 아니라고 불평합니다. 지옥은 하나님이 믿지 않는 사람들을 괘씸하게 여겨서 보내는 곳이 아니라 진노를 피할 길을 굳이 가지 않은 사람들이 선택한 길일 뿐입니다. 이에 대해 A. W. 토저(Tozer)는 다음과 같이 말했습니다.

"천국과 지옥의 문제에 있어서 확실한 사실 한 가지가 있다면 천국을 가든 지옥을 가든 결코 우연히 가는 것은 아니라는 것이다. 지옥은 지옥으로 가는 길을 선택한 사람들로 채워질 것이다. 그들이 지옥 자체를 선택하지 않을지 모르지만, 그들은 지옥에 이르는 길을 선택한 것이다. 천국에 있는 사람들은 모두 천국에 가기를 선택했기 때문에 거기에 있는 것이다. 죽어서 깨어나 보니 자신이 천국에 있음을 알고 내가 여기에 오려고 계획한 것은 아닌데 우연히 왔다고 할 사람은 한 사람도 없을 것이다. 천국은 노예들로 채워지지 않을 것이다. 강제로 징집되어 천국에 온 사람은 하나도 없을 것이다. 천국에 온 사람들은 그들의 주권적 자유를 사용하여 예수 그리스도를 믿고 하나님의 뜻에 굴복하는 편을 택해서 거기에 온 것이기 때문이다."

어떤 사람들은 사랑의 하나님이 지옥을 만드실 리 없기 때문에 지옥은 없다고 주장합니다. 그러나 지옥이 없다면 천국도 없으며, 진노가 없다면 사랑도 없습니다. 진리가 없다면 은혜도 없습니다.

나는 한때 이런 생각을 해보았습니다. '지옥에 간 사람들이 너무 고통스러워서 회개하면 과연 지옥이 천국이 될까? 사람들이 지옥이 너무나 고통스러워서 돌이킨다면 그래도 지옥일까?' 그러다 시카고 무디기념교회의 어윈 루쳐(Erwin W. Lutzer) 목사의 글을 읽고 더 이상 그런 의문을 갖지 않게 되었습니다. 그는 "지옥에 간 사람들은 지옥에 가도 회개하지 않을 것이다. 지옥에 가서도 왜 나를 여기에 보냈냐고 대들고 불평하고 원망할 것이다. 지옥 불이 떨어지는 엄청난 고통 때문에 회개할 사람이라면, 살아생전에 죽음의 고통, 질병의 고통, 고난의 고통을 통해서도 이미 회개했을 것이기 때문이다"고 했습니다.

견딜 수 없는 고난을 겪었다면, 너무나 고통스러웠다면 그때가 하나님이 당신을 영원한 진노에서 건져 내려 부르시는 때입니다. 하나님이 초청하시는 구원의 때입니다.

한 사람의 중보

"내가 전염병으로 그들을 쳐서 멸하고 네게 그들보다 크고 강한 나라를 이루게 하리라"(민 14:12).

반역하는 이스라엘 백성에 대해 진노하신 하나님은 먼저 모세에게 자신의 계획을 말씀하셨습니다. 전염병으로 백성을 칠 것이다, 너를 통해 크고 새로운 민족을 일으킬 것이다, 라고 말씀하십니다. 무슨 말씀입니까? 홍수로 세상을 심판하실 때 노아만 남겨 두신 것처럼, 모든 백성 가운데 아브라함을 택하신 것처럼, 모세를 택해서 새 민족을 이루겠다는 것입니다. 이스라엘 백성에겐 불행한 소식이지만 모세 개인에게는 영광스런 소식입니다.

만일 이때 모세가 하나님의 계획을 받아들였다면 지금 우리는 아브라함의 하나님이 아니라 모세의 하나님이라고 말했을 것입니다. 믿음의 조상 모세라고 말했을 것입니다.

만일 당신이라면 하나님의 계획을 듣고 어떻게 대답했겠습니까? 나도 생각해 보았는데 나라면 이렇게 대답했을 것입니다.

"하나님, 잘 생각하셨습니다. 제가 봐도 이 백성은 가망이 없습니다. 그리고 하나님 사람 참 잘 보셨습니다. 저를 민족의 조상으로 사용하신다니 제가 생각해도 탁월한 선택인 것 같습니다. 열심히 해보겠습니다."

어떻습니까? 사람은 자신이 낮아지는 일에는 절대로 순종하지 못하면서 자신이 높아지는 일에는 이렇게 순종하기를 좋아합니다. 모세도 사탄의 이 같은 유혹을 받지 않았을까요? "너를 통해 새 민족을 이루시겠다니 이 얼마나 좋은 기회냐? 그러겠다고 대답해라."

과연 하나님은 모세가 어떻게 반응하는가 떠보려고 이렇게 말씀하셨을까요? 아닙니다. 이스라엘 백성은 멸절당해도 마땅했습니다. 하나님은 지금 공의로운 심판을 계획하고 계신 것입니다.

그러나 모세는 하나님의 이 같은 계획을 듣고 흥분하지 않았습니다. 오히려 한마디로 잘라 거절했습니다.

"모세가 여호와께 여짜오되 애굽인 중에서 주의 능력으로 이 백성을 인도하여 내셨거늘 그리하시면 그들이 듣고 이 땅 거주민에게 전하리이다 주 여호와께서 이 백성 중에 계심을 그들도 들었으니 곧 주 여호와께서 대면하여 보이시며 주의 구름이 그들 위에 섰으며 주께서 낮에는 구름기둥 가운데에서, 밤에는 불 기둥 가운데에서 그들 앞에 행하시는 것이니이다 이제 주께서 이 백성을 하나같이 죽이시면 주의 명성을 들은 여러 나라가 말하여 이르기를 여호와가 이 백성에게 주기로 맹세한 땅에 인도할 능력이 없었으므로 광야에서 죽였다 하리이다"(민 14:13-16).

모세는 먼저 하나님의 영광과 하나님의 이름을 위해서 용서를 구하고 있습니다. 이 백성이 죽어 마땅하지만 그러면 열방들이 하나님이 능력이 없어서 그들을 구해 내지 못했다고 수군거릴 것이라는 말입니다. 모세는 하나님의 영광과 하나님의 이름이 더럽혀질 것을 염려하고 있습니다.

하나님이 왜 이스라엘 백성들을 출애굽시키셨습니까? 하나님의 거룩한 이름이 영광받기 위해서입니다.

"그러나 내가 그들이 거주하는 이방인의 눈앞에서 그들에게 나타나 그들을 애굽 땅에서 인도하여 내었나니 이는 내 이름을 위함이라 내 이름을 그 이방인의 눈앞에서 더럽히지 아니하려고 행하였음이라"(겔 20:9).

하나님은 마땅히 모든 영광을 받으셔야 할 만왕의 왕이십니다. 마땅히 최고의 영광을 받으셔야 하고 최고의 경배를 받으셔야 합니다. 에스겔은 마찬가지로 바벨론에 끌려간 백성이 다시 돌아오게 한 것도 하나님의 영광 때문이라고 설명하고 있습니다.

> "그러므로 너는 이스라엘 족속에게 이르기를 주 여호와께서 이같이 말씀하시기를 이스라엘 족속아 내가 이렇게 행함은 너희를 위함이 아니요 너희가 들어간 그 여러 나라에서 더럽힌 나의 거룩한 이름을 위함이라 여러 나라 가운데에서 더럽혀진 이름 곧 너희가 그들 가운데에서 더럽힌 나의 큰 이름을 내가 거룩하게 할지라 내가 그들의 눈앞에서 너희로 말미암아 나의 거룩함을 나타내리니 내가 여호와인 줄을 여러 나라 사람이 알리라 주 여호와의 말씀이니라"(겔 36:22-23).

하나님은 자신의 이름이 더럽혀질지라도 이스라엘의 죄에 대해 진노하셔서 이스라엘을 멸망으로 이끄셨습니다. 그러나 나라를 잃음으로 그들의 피가 그 땅에 흥건해지는 그 순간에 하나님은 하나님의 거룩한 이름을 회복하는 계획을 세우십니다. 이스라엘이 다시 자기 땅으로 돌아오는 계획을 세우신 것입니다.

모세는 하나님의 마음을 돌이키는 비결을 잘 알고 있었습니다. 하나님의 이름이 이방 가운데 더럽혀져서는 안 된다고 호소한 것입니다. 그리고 이제 하나님의 은혜에 호소하여 용서를 구합니다.

> "이제 구하옵나니 이미 말씀하신 대로 주의 큰 권능을 나타내옵소서
> 이르시기를 여호와는 노하기를 더디 하시고 인자가 많아 죄악과 허물
> 을 사하시나 형벌 받을 자는 결단코 사하지 아니하시고 아버지의 죄악
> 을 자식에게 갚아 삼사대까지 이르게 하리라 하셨나이다"(민 14:17-18).

"주의 큰 권능을 나타내옵소서"에서 권능이란 기적이 아니라 은혜를
의미합니다. 자녀가 부모를 설득하는 가장 좋은 방법은 부모가 예전에
약속한 말을 근거로 하는 것입니다. "예전에 엄마가 이렇게 말씀하셨잖
아요?" 하면 부모는 꼼짝 못합니다. 모세도 지금 하나님께 하나님의 말
씀을 가지고 용서를 구하고 있습니다.

> "이르시기를 여호와는 노하기를 더디 하시고 인자가 많아 죄악과 허물
> 을 사하시나"(18절).

하나님은 지금 단지 제스처로서 진노하시지 않았습니다. 반드시 임
할 진노요 당연한 진노를 계획하셨습니다. 하나님의 진노는 마땅히 임
할 진노이고 의로운 진노입니다. 그럼에도 모세의 중보로 하나님은 진
노를 거두십니다. 하나님의 은혜가 여기에 있습니다. 예수님이 새 언약

의 중보자라면 모세는 지금 옛 언약의 중보자로서 하나님께 용서를 호소하고 있습니다.

> "구하옵나니 주의 인자의 광대하심을 따라 이 백성의 죄악을 사하시되 애굽에서부터 지금까지 이 백성을 사하신 것같이 사하시옵소서"(민 14:19).

"주의 인자"에서 '인자'는 사랑을 의미하는 '헤세드'입니다. 헤세드는 사랑으로도 번역되고 은혜로도 번역되는데 사랑과 은혜가 통합된 단어입니다. 헤세드는 마땅히 임할 진노를 거두시는 은혜이며, 반역자들에게 베풀어 주시는 호의이고, 은혜가 은혜인지도 모르는 자에게 변함없이 베풀어 주시는 사랑입니다. 그러므로 모세는 하나님의 이 '헤세드'에 호소해서 용서를 구하고 있습니다.

그런데 모세의 중보는 예수님이 새 언약의 중보자로서 자기를 대속 제물로 드려 우리에게 하나님의 진노를 피할 길을 여신 것과 비교하면 불완전합니다. 그래서 이스라엘 백성은 마땅히 임할 하나님의 진노를 피했으나 약속된 가나안 땅에는 들어가지 못하는 죄의 대가를 치러야 했습니다. 그리고 그들은 가나안 땅에 들어가도 죽어야만 했습니다. 그러나 예수님이 감당하신 중보는 우리를 하나님의 진노로부터 영원히 건지시는 완전하고 영원한 하나님의 헤세드입니다.

오늘 예수님은 새 언약의 중보자가 되실 뿐만 아니라 우리를 새 언약의 중보자로 초대하십니다. 그것이 선교요, 전도요, 교회의 사명입니다.

"이 땅을 위하여 성을 쌓으며 성 무너진 데를 막아 서서 나로 하여금 멸하지 못하게 할 사람을 내가 그 가운데에서 찾다가 찾지 못하였으므로"(겔 22:30).

하나님은 지금도 멸망당할 이 땅이 무너지지 않도록 막아 줄 한 사람의 중보자를 찾고 계십니다. 그리스도의 마음을 품고 중보할 중보자를 찾고 계십니다. 모세의 중보에 대해 하나님은 어떻게 응답하셨습니까?

"여호와께서 이르시되 내가 네 말대로 사하노라 그러나 진실로 내가 살아 있는 것과 여호와의 영광이 온 세계에 충만할 것을 두고 맹세하노니 내 영광과 애굽과 광야에서 행한 내 이적을 보고서도 이같이 열 번이나 나를 시험하고 내 목소리를 청종하지 아니한 그 사람들은 내가 그들의 조상들에게 맹세한 땅을 결단코 보지 못할 것이요 또 나를 멸시하는 사람은 한 사람도 그것을 보지 못하리라"(민 14:20-23).

하나님은 모세의 중보를 들으시고 기꺼이 진노를 거두셨습니다. 그리고 지금도 하나님의 진노가 거두어지는 역사는 계속되고 있습니다.

하늘 보좌 우편에서 우리를 위하여 중보하시는 그리스도로 인해 하나님의 진노가 거두어지는 은혜가 곳곳에서 임하고 있습니다. 예수님이 십자가에서 죽으심으로 새 언약의 중보자가 되셨기 때문에 하나님께서는 예수님의 중보를 통해 전 인류를 구속하는 은혜를 베푸셨습니다. 이제 하나님의 은혜로 진노에서 건짐받은 우리가 할 일은 예수님의 중보 사역에 동참하는 것입니다. 예수님이 하나님의 진노를 피할 길을 내셨으나 아직도 그 길을 선택하지 않는 사람들을 인도하는 일에 동참해야 합니다. 하나님의 은혜를 날마다 감사하며 그 사역에 동참해야 합니다.

8 또 그들이 눕기 전에 라합이 지붕에 올라가서 그들에게 이르러 **9** 말하되 여호와께서 이 땅을 너희에게 주신 줄을 내가 아노라 우리가 너희를 심히 두려워하고 이 땅 주민들이 다 너희 앞에서 간담이 녹나니 **10** 이는 너희가 애굽에서 나올 때에 여호와께서 너희 앞에서 홍해 물을 마르게 하신 일과 너희가 요단 저쪽에 있는 아모리 사람의 두 왕 시혼과 옥에게 행한 일 곧 그들을 전멸시킨 일을 우리가 들었음이니라 **11** 우리가 듣자 곧 마음이 녹았고 너희로 말미암아 사람이 정신을 잃었나니 너희의 하나님 여호와는 위로는 하늘에서도 아래로는 땅에서도 하나님이시니라 **12** 그러므로 이제 청하노니 내가 너희를 선대하였은즉 너희도 내 아버지의 집을 선대하도록 여호와로 내게 맹세하고 내게 증표를 내라 **13** 그리고 나의 부모와 나의 남녀 형제와 그들에게 속한 모든 사람을 살려 주어 우리 목숨을 죽음에서 건져내라 **14** 그 사람들이 그에게 이르되 네가 우리의 이 일을 누설하지 아니하면 우리의 목숨으로 너희를 대신할 것이요 여호와께서 우리에게 이 땅을 주실 때에는 인자하고 진실하게 너를 대우하리라 **15** 라합이 그들을 창문에서 줄로 달아 내리니 그의 집이 성벽 위에 있으므로 그가 성벽 위에 거주하였음이라

수 2:8-15

CHAPTER 13

하나님의 은혜에는
차별이 있다, 없다?

세상에서 진정한 은혜를 찾기란 매우 어렵습니다. 의무와 책임이 앞서거나 자격을 따지거나 돌아올 것을 미리 계산하거나 하는 값싼 은혜는 흔하지만 진정한 은혜는 매우 드뭅니다.

나는 미국에 유학 갔을 때 노트북이 당첨되었다는 이메일을 받고 너무 기뻐서 사이트에 접속했습니다. 몇 가지 정보를 요구하기에 적었더니 또 다른 정보를 요구해서 그것도 기쁜 마음으로 적었습니다. 그랬더니 결국 매달 얼마를 내면 노트북을 주겠다는 것입니다. 사기였습니다. 역시 세상에는 공짜가 없구나, 얼마나 허탈하던지요.

이렇게 틈만 나면 사기 치는 세상에 익숙해서 사람들은 하나님이 값없이 주시는 진정한 은혜를 믿지 못합니다. 자격을 따지지 않겠다, 차별하지 않겠다, 값없이 주겠다는 하나님의 은혜를 도무지 믿을 수 없는 것입니다.

"나에게는 꿈이 있습니다"고 한 마틴 루터 킹 목사가 외친 것은 단 하나, '차별을 없애자'였습니다. 사람은 얼굴색이 다르다는 이유로도 차별을 만들고 자격을 따집니다. 같은 피부색에 같은 문화를 공유하면서도 경제력으로 차별하고 얼굴 생김새로 차별하고 학력으로 차별하고 지방색으로 차별합니다. 사실 차별이 가장 심한 나라를 꼽으라면, 부끄럽게도 우리나라가 꼽힙니다. 아시아 지역에서는 반한 감정이 심각하다고 합니다. 심지어 여행을 제대로 하기 힘들 정도라고 합니다. 왜 그렇습니까? 외국인 노동자들에 대한 사회적, 경제적 차별 때문입니다. 수많은 외국인 노동자들이 우리나라에서 큰 상처를 입고 돌아간 것입니다.

만일 그리스도인이 이 차별을 만들고 있다면 하나님의 은혜를 헛되게 받은 것입니다.

예수님 족보에 오른 라합

성경에서 하나님의 무차별적 사랑을 보여 주는 대표적인 인물 중 하나가 여호수아서에 나오는 라합입니다. 성경시대는 남녀 차별이 극심한 시대였습니다. 본문 말씀은 그런 시대, 그런 문화권에서 하나님이 라합이란 한 여인을 선택하셔서, 하나님이 얼마나 차별 없으신 분인가를 보여 주고 있습니다.

믿음의 전당이라 불리는 히브리서 11장을 보면, 이스라엘 역사에서 하나님이 사용하신 믿음의 인물들이 나옵니다. 아브라함, 이삭, 야곱, 요셉, 모세…. 그다음 인물이 누구일까요? 성경책의 순서상 여호수아가 나와야 할 것 같습니다. 그런데 여호수아라는 개인의 이름이 열거되지 않고 여리고 성이 무너진 이야기가 나옵니다. 그런 다음 놀랍게도 라합이 언급됩니다. 이스라엘의 대표적인 지도자요, 모세의 뒤를 이어 가나안을 점령한 믿음의 영웅 여호수아의 이름은 빠지고 아모리 족속의 한 여인의 이름만 언급되고 있습니다. 왜 그럴까요?

여호수아가 믿음의 사람이 아니어서 그런 걸까요? 아닙니다. 여호수아서 전체를 통해서 하나님의 은혜를 드러낼 수 있는 사람이 라합이기 때문입니다. 모세의 뒤를 이어 이스라엘 백성을 이끈 지도자로서 여호수아는 당연히 위대한 인물입니다. 그런데 그 자리에 라합의 이름이 언급되는 것이야말로 하나님의 은혜라고 생각합니다.

라합은 이방인이요, 장차 멸망당할 여리고 성에서 살던 기생이었으나 믿음의 전당에 이름이 올랐을 뿐 아니라 마태복음의 예수님 족보에도 이름이 올랐습니다.

"살몬은 라합에게서 보아스를 낳고 보아스는 룻에게서 오벳을 낳고 오 벳은 이새를 낳고 이새는 다윗 왕을 낳으니라"(마 1:5-6).

라합은 여호수아가 이끄는 이스라엘 정탐꾼을 숨겨 준 대가로 진멸 당할 여리고 성에서 목숨을 건진 여인입니다. 이 여인이 살아남아 결혼 한 남자가 유다 사람의 족장인 살몬입니다. 이 살몬과 라합 사이에 태 어난 사람이 보아스입니다. 보아스가 누구입니까? 앞에서 불우한 룻을 거둬 준 보아스입니다. 그는 책임감 있고 정의로우며 사랑이 많은 남자 입니다.

나는 보아스가 이방인 룻을 불쌍히 여기고 은혜를 베푼 데는 어머니 라합의 영향이 컸다고 생각합니다. 그의 어머니도 아모리 족속의 이방 여인이었으며 이스라엘의 자비로 구원받았기 때문입니다. 보아스의 자 비에는 어머니 라합이 간증한 하나님의 은혜가 있었던 것입니다.

이렇듯 라합은 유다 족속의 족장 살몬과 결혼하여 보아스를 낳고, 보 아스와 룻의 사이에서 오벳을 낳고, 오벳이 이새를 낳고, 이새가 다윗을 낳고, 몇 세대가 흐른 뒤 예수님이 태어나는 예수님의 족보에 올랐습니 다. 여인을 차별하지 않고 이방인을 차별하지 않는 하나님의 은혜가 아 니고서는 이 같은 족보는 써 내려갈 수 없습니다. 더구나 라합은 여리 고 성에서 기생으로 살았습니다. 하나님은 과거의 이력도 차별하지 않 으십니다.

당시 남녀 차별이 얼마나 심했습니까? 인구조사에서 여자는 쳐주지도 않았습니다. 더구나 유대인들은 이방인을 '개'라고 부를 만큼 멸시했습니다. 그런 사회에서 라합은 믿음의 전당에 이름을 올렸을 뿐 아니라 예수님의 족보에도 당당히 언급되는 여인이 되었습니다. 만일 성경이 사람이 쓴 것이라면 유대인들은 라합의 이름이 부끄러워 일부러 뺐을 것입니다. 그러나 하나님의 말씀으로 기록된 것이므로 라합의 이름이 지워지지 않을 수 있었고, 그것이 오늘날 우리에게 하나님의 은혜로 전달되고 있습니다.

하나님은 나의 과거로 인하여, 나의 조상으로 인하여, 나의 과거 직업으로 인하여, 나를 차별하지 않으십니다. 하나님이 창조하신 귀한 존재이며 장차 하나님과 동행하며 하나님 안에서 순종하는 삶으로만 우리를 바라보십니다.

최소의 정보로 최대의 믿음을 고백한 여인

라합은 최소한의 정보를 가지고 최대한의 믿음을 보여 준 여인입니다. 여호수아는 두 명의 정탐꾼을 여리고 성에 보냅니다. 우리는 여기서 과거 가나안을 정탐한 12명을 떠올릴 수 있습니다. 10명의 정탐꾼이 부정적이고 믿음 없는 의견을 제시해서 이스라엘 전체를 파탄에 빠뜨렸습니다. 그런 까닭에 여호수아는 두 명의 정탐꾼만 보냅니다. 과거에도 두 명만 믿음 있는 정보를 전달했으니까요. 더구나 여리고 성은 난공불락의 요새여서 우르르 몰려갔다간 금방 정체가 탄로날 위험이 있었습니다.

두 명의 정탐꾼은 성벽을 타고 넘어가서 성벽 위에 있는 라합의 집에 들어갔습니다. 여리고 성의 성벽은 그 위로 마차가 지날 만큼 두터워서 성벽 위에 집을 짓고 사는 사람들이 많았습니다. 라합의 집은 그중 하나였습니다. 더구나 술을 파는 기생의 집이었으니 누구나 들락거릴 수 있었습니다.

그런데 난공불락의 요새답게 정탐꾼이 숨어들었다는 소식을 듣고 여리고의 정보원들이 들이닥쳤습니다. 이때 라합은 정탐꾼들을 지붕에 숨겨 준 뒤 거짓말로 정보원들을 따돌렸습니다. 그리고 정탐꾼들에게 다음과 같이 요청합니다.

"여호와께서 이 땅을 너희에게 주신 줄을 내가 아노라… 너희의 하나님 여호와는 위로는 하늘에서도 아래로는 땅에서도 하나님이시니라 그러므로 이제 청하노니 내가 너희를 선대하였은즉 너희도 내 아버지의 집을 선대하도록 여호와로 내게 맹세하고 내게 증표를 내라 그리고 나의 부모와 나의 남녀 형제와 그들에게 속한 모든 사람을 살려 주어 우리 목숨을 죽음에서 건져내라"(수 2:9-12).

정탐꾼들은 라합의 집을 구원하겠다는 약속을 했고 약속대로 라합은 여리고 성에서 살아남게 됩니다. 그런데 우리는 여기서 한 가지 의문이 생깁니다. 라합은 왜 정탐꾼들을 살려 줬을까요? 그리고 장차 이스라엘이 여리고 성을 무너뜨릴 줄로 어떻게 확신했을까요? 분명한 것은 정탐꾼들이 라합의 집에 들어가자마자 "하나님은 당신을 사랑하십니다. 당신을 통한 계획을 갖고 계십니다. 예수 믿고 결단하여 우리를 살려 주십시오" 한 적이 없다는 것입니다. 정탐꾼들은 라합의 집이 누가 오든지 신분을 묻지 않고, 과거를 묻지 않고, 출신을 묻지 않고, 목적을 묻지 않고 드나드는 집이어서 숨어들었을 뿐입니다. 그런데 놀랍게도 라합은 한눈에 그들이 이스라엘 사람이라는 걸 알았습니다. 더구나 장차 일어날 일도 알았습니다.

라합은 과연 미래의 일을 어떻게 알았을까요?

"여호와께서 이 땅을 너희에게 주신 줄을 내가 아노라 우리가 너희를 심히 두려워하고 이 땅 주민들이 다 너희 앞에서 간담이 녹나니 이는 너희가 애굽에서 나올 때에 여호와께서 너희 앞에서 홍해 물을 마르게 하신 일과 너희가 요단 저쪽에 있는 아모리 사람의 두 왕 시혼과 옥에게 행한 일 곧 그들을 전멸시킨 일을 우리가 들었음이니라"(수 2:9-10).

이스라엘이 애굽에서 나올 때 홍해가 갈라졌다는 소문을 이미 들어

알고 있다는 것입니다. 요단강 동편에 있는 아모리 족속인 시혼과 옥이 전멸된 것도 이미 알고 있다는 것입니다. 라합은 이 사실을 어떻게 알았을까요? 라합의 집은 소문이 가장 빨리 전해지는 곳입니다. 멀리서 온 여행객들이 머무는 곳이기 때문에 여기저기서 소문이 흘러 들어옵니다.

이 소문을 듣고 사람들의 반응은 어땠습니까? "간담이 녹았다"고 했습니다. "심히 두려워했다"고도 했습니다. 주변의 민족들은 이미 이스라엘과 싸워 이길 전의를 상실한 상태였습니다. 그러므로 여리고 성이 무너진 것은 백성들이 함성을 질러서가 아닙니다. 하나님이 이미 앞서 가서 하나님의 위대한 일을 알리고 그들을 두려움에 떨게 만들었기 때문입니다. 그들은 이미 싸워 보지도 않고 전쟁에서 질 것을 확신했던 것입니다.

라합은 소문을 통해 두 가지 정보를 들었을 뿐이지만 하나님이 살아 역사하시는 분임을 믿었습니다. 라합은 모세오경을 독파해서 하나님을 믿은 게 아닙니다. 아브라함, 이삭, 야곱과 같은 성경의 수많은 인물들의 이야기를 듣고 하나님을 믿은 게 아닙니다. 단지 홍해가 갈라졌다더라, 요단 동편의 두 나라가 전멸당했다더라는 소문을 들었을 뿐입니다. 최소한의 정보만 듣고도 라합은 최고의 믿음을 가질 수 있었습니다. 하나님의 은혜의 빛이 비쳤기 때문입니다.

우리는 성경 지식이 없어서 믿지 못하는 것이 아닙니다. 지식이 없어서 하나님의 은혜를 누리지 못하는 게 아닙니다. 아주 작은 진리 하나라도 하나님의 은혜의 빛이 비추면 그 진리는 우리를 변화시킵니다. 더 많은 정보를 얻지 못해서 내가 믿음의 생활을 누리지 못하는 것이 아닙니다. 내가 깨달은 한 가지 진리에 은혜의 빛이 비칠 때 우리는 최고의 믿음, 위대한 믿음, 하나님을 기쁘시게 하는 믿음의 사람이 될 수 있습니다.

깜깜한 동굴 속을 어떻게 헤쳐 나옵니까? 동굴 속이 환해져야 동굴을 헤쳐 나올 수 있습니까? 아닙니다. 한 줄기 빛만 비춰 들어와도 동굴을 헤쳐 나올 수 있습니다. 은혜의 한 줄기 빛만 따라가면 동굴을 빠져 나올 수 있습니다. 라합은 한 줄기 은혜의 빛을 믿음으로 따라 나왔기 때문에 여리고 성의 진멸에서 빠져나올 수 있었습니다.

라합은 작은 정보로 큰 믿음을 가진 여인입니다. 여기서 우리는 지식으로 차별하시지 않는 하나님을 만나게 됩니다. 많이 안다고, 머리가 좋다고 믿음 생활 잘하는 게 아닙니다. 사실 많이 알수록, 머리가 좋을수록 의심이 많아서 믿음 생활을 제대로 못하는 것을 봅니다. 그러므로 머리 나쁘다고 열등감 가질 필요가 없습니다. 머리 나쁜 것이 하나님의 은혜인 것입니다.

은혜의 통로가 된 여인

라합에게 임한 하나님의 또 다른 은혜는 라합 한 사람의 믿음으로 인해 그의 가족까지 구원받은 것입니다.

라합은 어쩌면 가족뿐 아니라 그가 살려야 할 사람들을 그의 집으로 다 불러들였을지도 모릅니다. 라합이 몇 명을 구원에 이르게 했는지는 모르지만, 분명한 것은 그가 혼자만 살려고 하지 않았다는 사실입니다. 확고한 믿음으로 더 많은 사람을 은혜의 길로 인도하기 위해 노력했을 것입니다.

당신은 차별 없는 하나님의 은혜를 받았습니까? 그 은혜는 반드시 다른 사람들도 은혜 안으로 끌어들이게 만듭니다. 은혜의 통로가 되는 것입니다.

"주 예수를 믿으라 그리하면 너와 네 집이 구원을 받으리라"(행 16:31).

여기서 '집'은 헬라어로 '오이코스'입니다. '오이코스'는 나와 관계된 모든 인간관계를 뜻하는 단어입니다. 가족을 비롯해 내 전화번호부에 기록된 사람들까지 포함되는 개념입니다. 그런 점에서 라합은 최대한 많은 사람들을 자기 집으로 초청하지 않았을까 생각합니다. 여기에는 믿음으로 온 사람도 있고 믿음이 없어도 온 사람이 있을 것입니다. 하나님의 차별 없는 은혜는 이렇듯 더 많은 사람을 포함시키고자 합니다.

하나님의 은혜는 언제나 나에게서 그치는 것이 아니라 다른 사람에게로 흘러가는 은혜입니다. 언제나 나를 통해 더 많은 사람을 포함시키는 은혜입니다. 그러므로 은혜받은 사람은 은혜에 대한 감사로 다른 사람에게 그 은혜가 흘러가도록 합니다.

세상과 맞서는 믿음의 여인

라합은 혼자서 세상과 맞서 싸운 담대한 믿음을 가진 여인이었습니다. 사실 라합이 이스라엘의 두 정탐꾼을 살려 준 일은 생명을 내건 모험이었습니다. 만일 여리고 정보원들이 라합이 거짓말한 것을 알아 버렸다면 라합은 그 자리에서 죽임을 당했을 것입니다.

예전에 주일학교 전도사를 하면서 이 본문을 가지고 설교한 적이 있습니다. 지붕 수풀에 숨은 정탐꾼이 갑자기 코가 간지러운 것입니다. 금방이라도 기침이 나올 것처럼 괴로운데 기침을 했다간 정탐꾼은 물론이고 라합도 죽게 생겼습니다. 그런 상황을 연출해서 설교한 기억이 있습니다.

아무튼 라합이 정탐꾼을 숨겨 준 일은 매우 위험한 선택이었습니다. 그런데 라합은 왜 그런 선택을 했을까요? 살기 위해서입니다.

예수님을 믿는 것은 선택이 아닙니다. 액세서리가 아닙니다. 살고 죽는 문제입니다. 그래서 어거스틴이 이런 기도를 했습니다. "주여 나를 죽지 않도록 죽게 하소서!"

인생에는 두 가지 죽음이 있습니다. 육신의 죽음과 영혼의 죽음입니다. 육신이 죽음을 두려워해서 영혼이 죽는 죽음을 선택하는 것은 정말 어리석은 짓입니다. 영원한 죽음을 피할 수만 있다면 육신의 죽음을 두려워하지 말아야 합니다. 라합은 지금 영원한 생명을 선택한 것입니다.

어떤 사람은 라합이 자기 민족을 배신했다고 트집 잡습니다. 그러나 라합은 믿음의 길, 하나님의 길을 선택한 것이지 민족을 배반할 의도는 없었습니다.

사실 믿음의 길을 가려면 이 세상을 배반해야 합니다. 믿음의 길은 차별하고 자격을 따지는 세상과 맞서는 길입니다. 나는 비록 세상의 차별을 받을지언정 하나님의 은혜를 따라 차별하지 않고 자격을 따지지 않고 오직 사랑하려면 세상과 같이 살아선 안 됩니다. 세상에 맞서야 합니다. 초대교회에 아타나시우스(Athanasius)라는 사람은 예수님이 하나님이라고 주장했다가 엄청난 핍박을 받았습니다. 그는 세상과 맞서 그런 고백을 한 것입니다.

연어가 물위를 거슬러 올라가듯이 그리스도인은 세상의 물결을 거슬러 올라가는 사람들입니다. 그것이 어떻게 가능합니까? 우리가 차별 없는 은혜를 받았기 때문입니다. 라합은 이방 여인이었고 기생으로서 부도덕한 삶을 살았지만 하나님은 오히려 그녀를 통해 예수님의 족보를 완성하셨습니다. 그 하나님의 은혜와 사랑을 받은 사람은 라합처럼 세상을 거슬러 믿음을 선택할 수 있습니다.

하나님은 과거의 내가 아니라 오늘과 내일의 나를 소중히 여기십니다. 그 하나님의 은혜를 경험함으로 순간순간 믿음의 선택을 하고 그리하여 믿음의 족보를 완성하는 우리가 되기를 소원합니다.

¹ 봄비가 올 때에 여호와 곧 구름을 일게 하시는 여호와께 비를 구하라 무리에게 소낙비를 내려서 밭의 채소를 각 사람에게 주시리라 ² 드라빔들은 허탄한 것을 말하며 복술자는 진실하지 않은 것을 보고 거짓 꿈을 말한즉 그 위로가 헛되므로 백성들이 양같이 유리하며 목자가 없으므로 곤고를 당하나니 ³ 내가 목자들에게 노를 발하며 내가 숫염소들을 벌하리라 만군의 여호와가 그 무리 곧 유다 족속을 돌보아 그들을 전쟁의 준마와 같게 하리니 ⁴ 모퉁잇돌이 그에게서, 말뚝이 그에게서, 싸우는 활이 그에게서, 권세 잡은 자가 다 일제히 그에게서 나와서 ⁵ 싸울 때에 용사같이 거리의 진흙 중에 원수를 밟을 것이라 여호와가 그들과 함께한즉 그들이 싸워 말 탄 자들을 부끄럽게 하리라 ⁶ 내가 유다 족속을 견고하게 하며 요셉 족속을 구원할지라 내가 그들을 긍휼히 여김으로 그들이 돌아오게 하리니 그들은 내가 내버린 일이 없었음같이 되리라 나는 그들의 하나님 여호와라 내가 그들에게 들으리라 ⁷ 에브라임이 용사 같아서 포도주를 마심같이 마음이 즐거울 것이요 그들의 자손은 보고 기뻐하며 여호와로 말미암아 마음에 즐거워하리라 ⁸ 내가 그들을 향하여 휘파람을 불어 그들을 모을 것은 내가 그들을 구속하였음이라 그들이 전에 번성하던 것같이 번성하리라 ⁹ 내가 그들을 여러 백성들 가운데 흩으려니와 그들이 먼 곳에서 나를 기억하고 그들이 살아서 그들의 자녀들과 함께 돌아올지라 ¹⁰ 내가 그들을 애굽 땅에서 돌아오게 하며 그들을 앗수르에서부터 모으며 길르앗 땅과 레바논으로 그들을 이끌어 가리니 그들이 거할 곳이 부족하리라 ¹¹ 내가 그들이 고난의 바다를 지나갈 때에 바다 물결을 치리니 나일의 깊은 곳이 다 마르겠고 앗수르의 교만이 낮아지겠고 애굽의 규가 없어지리라 ¹² 내가 그들로 나 여호와를 의지하여 견고하게 하리니 그들이 내 이름으로 행하리라 나 여호와의 말이니라

슥 10:1-12

CHAPTER 14

늦은 비의 은혜를
사모하고 있는가?

혹자는 스가랴서를 '구약의 복음'이라고 표현하기도 합니다. 하나님의 심판을 받아 멸망당한 뒤 절망과 낙심 가운데 있는 이스라엘 백성들을 향해 하나님이 회복시키실 것을 약속하는 말씀으로 가득 차 있기 때문입니다.

우리는 스가랴 시대에 하나님이 주신 환상과 예언을 통해 하나님 은혜의 원리를 발견할 수 있습니다. 첫째는, 하나님의 은혜는 언제나 우리 죄보다 크다는 사실입니다. 하나님의 은혜는 언제나 하나님의 심판보다 더 크고 위대합니다. 우리는 언제나 죄를 짓지만 하나님은 그때마다 용서하시고 돌아오게 하시고 회복시키십니다.

둘째는, 하나님의 은혜는 언제나 우리를 회복시키십니다. 이스라엘이 멸망한 후 백성들은 바벨론으로 잡혀가거나 죽거나 이집트로 도망가거나 해서 뿔뿔이 흩어졌습니다. 그러나 그들은 하나님의 은혜로 다시 이스라엘 땅으로 돌아올 수 있었습니다. 하나님은 언제나 심판으로 끝내시지 않고 반드시 회복시키시는 분입니다.

셋째는, 하나님은 일시적인 회복만 약속하신 것이 아니라 영원한 회복을 약속하셨습니다. 이는 죄로 인해 영원히 죽을 수밖에 없는 우리를 죽음에서 건지신 새 언약의 은혜입니다. 하나님은 이스라엘의 멸망을 앞두고도 그랬지만 멸망 후 바벨론 포로로 잡혀간 뒤에도 학개, 말라기, 스가랴 같은 선지자들을 통해 당장의 정치 경제적 회복을 약속하셨을 뿐 아니라 영원한 회복과 구원을 약속해 주셨습니다.

그런데 우리가 날마다 이뤄 가야 할 구원이 있습니다.

"오직 우리 주 곧 구주 예수 그리스도의 은혜와 그를 아는 지식에서 자라 가라 영광이 이제와 영원한 날까지 그에게 있을지어다"(벧후 3:18).

바로 구주이신 예수 그리스도의 은혜와 그를 아는 지식 안에서 자라는 것입니다. 믿음으로 의롭게 된 자, 하나님의 은혜로 의의 옷을 입은 사람은 언제나 은혜 가운데 자라 가야 합니다. 믿음이 성장하고 거룩해져야 하는 것입니다.

우리 스스로는 우리 몸에 묻힌 죄의 더러움을 씻을 수 없습니다. 그래서 하나님 아버지가 우리의 더러운 죄가 묻은 옷을 벗기시고 새 옷으로 갈아입혀 주십니다. 이것이 바로 구원입니다. 그리스도의 보혈의 피로 깨끗해져서 새로운 의의 옷을 입은 백성들은 그 은혜 가운데 날마다 성장하고 거룩해집니다. 이를 가리켜 '성화'(sanctification)라고 합니다.

그런데 날마다 거룩해지는 것은 나의 어떤 노력이 필요하다고 생각하기 쉬운데, 우리가 믿음으로 의롭게 되었듯이 거룩해지는 것도 믿음으로 됩니다. 하나님의 은혜로 구원을 얻었듯이 은혜로 거룩해집니다.

이른 비와 늦은 비의 은혜

"봄비가 올 때에 여호와 곧 구름을 일게 하시는 여호와께 비를 구하라
무리에게 소낙비를 내려서 밭의 채소를 각 사람에게 주시리라"(슥 10:1).

봄비가 내리는 계절이 오면 하나님께 비를 구하라고 하십니다. 가나안 땅은 지금도 그렇지만 두 번의 우기가 있습니다. 10월과 11월에 내리는 이른 비가 있고, 다음해 3~4월에 내리는 봄비, 즉 '늦은 비'가 있습니다. 가을에 내리는 이른 비는 씨를 움트게 하는 비입니다. 이때 비가 오지 않으면 씨가 움트지 않아 곤란합니다. 한편, 봄에 내리는 늦은

비는 추수 직전 곧 오순절 전에 내리는 비입니다. 열매를 추수하려면 이 늦은 비가 내려야 합니다. 따라서 둘 중 하나라도 내리지 않으면 열매를 거둘 수 없습니다. 또 1년에 두 번 일정한 시기에 내리는 이 이른 비와 늦은 비가 아니면 메마른 광야가 많은 가나안 땅이 목초지로 변화되지 못합니다. 양에게 풀을 뜯기지 못하는 것입니다.

그런데 성경을 보면 하나님이 가나안 땅을 '젖과 꿀이 흐르는 땅'이라고 설명하십니다. 그러나 실제로는 매우 황량한 땅이지요. 하나님은 왜 이런 표현을 하신 걸까요? 하나님은 일정한 기간에 내리는 비를 통해서 그 땅을 축복해 주실 것을 약속하신 것입니다.

따라서 이스라엘 백성들에게 늦은 비는 너무나 당연합니다. 어김없이 그 시기가 되면 비가 내리기 때문에 사람들은 때로 구하지 않고도 당연히 늦은 비를 얻을 것으로 기대했습니다. 그래서 당시 사람들은 이 말씀을 얼른 이해하기 어려웠을 것입니다. "봄비를 달라고 간구하라고? 그러면 하나님이 소나기를 주시겠다고?" 당연히 내리는 비를 왜 굳이 간구해야 하는가, 라는 반응입니다. 그러나 하나님은 너무나 당연한 것이라도 매일 그 은혜를 구하라고 말씀하십니다. 은혜 속에서 자라 가는 하나님의 백성들은 하나님이 이미 약속하신 은혜라도 하나님께 구하고 또 구하므로 그 은혜를 누리며 살라는 의미입니다.

마찬가지로 믿음으로 구원을 얻은 뒤에도 이미 약속하신 하나님의 은혜를 간구하며 날마다 자라 가야 합니다. 날마다 그 은혜 가운데 머물기를 구하고 약속된 은혜가 나의 삶에서 흘러나오기를 구해야 합니다.

'이미 구원을 얻었으니 이것으로 끝이야' 해선 안 됩니다. 구원을 얻은 것으로 만족할 때 진정한 영적 만족을 체험할 수 없습니다. 이스라엘 백성들이 하나님의 백성으로 선택받아 구원을 얻고 나자 하나님의 은혜를 당연한 것으로 여기고 더 이상 찾지 않았습니다. 신명기에서 하나님이 "네가 먹고 배부를 것이라 너희는 스스로 삼가라 두렵건대… 여호와께서 너희에게 진노하사 하늘을 닫아 비를 내리지 아니하여 땅이 소산을 내지 않게 하시므로 너희가 여호와께서 주신 아름다운 땅에서 속히 멸망할까 하노라"(신 11:15-17)고 경고하셨음에도 이스라엘 백성은 지극히 당연할 것 같던 하나님의 은혜 속에서 멸망을 당하고 말았습니다.

은혜를 맛본 사람은 내가 얼마나 은혜가 필요한 사람이라는 것을 알기 때문에 날마다 은혜를 구하게 됩니다. 부족해서 구한다기보다 하나님의 은혜를 떠난 내가 얼마나 처참한 존재인지를 잘 알기 때문에 주의 은혜가 날마다 머물기를 간구하는 것입니다. 하나님의 은혜로 내가 죄로부터 구원받았다는 사실을 깨달은 사람은, 하나님의 은혜가 아니면 내가 얼마나 위험한 존재인지, 얼마나 쉽게 죄에 빠지는지 잘 알기 때문에 날마다 하나님의 은혜를 구하고 또 구하게 됩니다. 이것이 곧 늦은 비의 은혜를 구하는 모습입니다.

그토록 오랫동안 교회에 다녔는데도, 예배에 빠짐없이 참석하는데도 우리는 왜 변화되지 않습니까? 왜 더 이상 믿음이 성장하지 않는 겁니까? 은혜가 너무나 당연해서 더 이상 필요 없는 사람처럼 살아가기 때문입니다. 어느 순간부터 교회 생활에 익숙해지고, 예배에 익숙해지고, 말씀 보는 데 익숙해져서 예배에 간절함으로 나오지 않고 말씀을 사모함으로 보지 않기 때문입니다. 아무 은혜도 바라지 않기 때문입니다. 하나님이 늘 일정한 비를 내려 주시니까 더 이상 간절함으로 간구하지 않기 때문입니다.

늦은 비의 은혜를 간구하지 않으면 우상에 빠진다

"드라빔들은 허탄한 것을 말하며 복술자는 진실하지 않은 것을 보고 거짓 꿈을 말한즉 그 위로가 헛되므로 백성들이 양같이 유리하며 목자가 없으므로 곤고를 당하나니"(슥 10:2).

이스라엘 백성이 드라빔과 주술과 같은 가나안의 온갖 우상에 빠져 버렸습니다. 사람들은 아무런 은혜도 바라지 않는 상태에 있을 때 우상에 빠지게 됩니다. 이스라엘은 하나님의 손으로 애굽에서 건짐을 받아 가나안 땅을 차지할 수 있었습니다. 이스라엘은 가나안 땅을 차지하기까지 날마다 하나님의 은혜를 경험했습니다. 그런데 때가 되면 이른 비와 늦은 비를 내려 주시니까 차츰 그 은혜를 잊어버렸고 더 이상 간구하지 않게 되었습니다. 그리고 마침내 하나님을 버리고 우상을 섬기기에 이르렀습니다.

이제 하나님이 당연하게 내려 주시던 은혜의 늦은 비가 그쳤습니다. 이스라엘이 날마다 은혜 안에 있을 때 살 수 있는 존재임을 잊어버렸기 때문입니다. 만일 너무나 당연하게 내려 주시던 은혜가 그쳤다면 당신이 은혜를 사모하지 않으므로 우상에 빠졌기 때문인 줄 아시기 바랍니다. 만일 인생의 위기가 닥쳤다면 하나님의 은혜가 메말랐기 때문이 아니라 당신이 하나님의 은혜를 날마다 바라지 않는 인생이 되었기 때문임을 아시기 바랍니다. 하나님은 우리가 날마다 하나님의 은혜를 간구하므로 날마다 자라 가는 인생으로 돌이키기를 바라십니다.

다니엘은 이스라엘 백성과 달리 이미 약속된 은혜를 간절함으로 간구한 인물입니다.

다니엘이 어느 날 예레미야의 서책을 읽게 되었습니다. 당시 다니엘이 읽은 예레미야서는 오늘날의 성경책과 같은 형태는 아니었을 것입니다. 다만 예레미야의 예언들이 기록된 서책이 사람들 사이에서 읽혀진 듯합니다. 다니엘은 예레미야의 서책을 읽고 깜짝 놀랐습니다. 바벨론의 포로 기간이 70년이 되면 다시 이스라엘로 돌아오게 하겠다는 약속이 적혀 있었던 것입니다. 다니엘은 이 약속의 말씀을 읽고 놀랍게도 기도했습니다.

"메대 족속 아하수에로의 아들 다리오가 갈대아 나라 왕으로 세움을 받던 첫해 곧 그 통치 원년에 나 다니엘이 책을 통해 여호와께서 말씀으로 선지자 예레미야에게 알려 주신 그 연수를 깨달았나니 곧 예루살렘의 황폐함이 칠십 년 만에 그치리라 하신 것이니라 내가 금식하며 베옷을 입고 재를 덮어쓰고 주 하나님께 기도하며 간구하기를"(단 9:1-3).

당신이라면 이 말씀을 읽고 어떻게 할 것 같습니까? 나는 아마도 당장에 짐을 싸고 이스라엘로 돌아갔을 것입니다. 그런데 다니엘은 오히려 베옷을 입고 재를 뒤집어쓰고 금식하며 기도했습니다.

이미 약속된 은혜, 회복의 약속을 깨달았으면 마땅히 그 은혜를 구해야 합니다. 진정한 믿음을 소유한 사람은, 진정한 은혜 가운데 사는 사람은 다니엘처럼 약속의 은혜가 이루어지기를 간절히 기도합니다. 왜 그렇습니까? 은혜 가운데 사는 사람들은 비록 회복의 약속이 있을지라도 우리가 그 은혜를 간구하지 않으면 죄에 빠져서 우상을 섬기게 된다는 것을 알기 때문입니다. 우리는 그렇게 연약하고 악한 존재이기 때문에 하나님의 은혜가 날마다 반드시 필요하다는 걸 잘 알기 때문입니다.

그런데 간구할 때 어떻게 간구해야 합니까?

"우리에게 있는 대제사장은 우리의 연약함을 동정하지 못하실 이가 아니요 모든 일에 우리와 똑같이 시험을 받으신 이로되 죄는 없으시니라 그러므로 우리는 긍휼하심을 받고 때를 따라 돕는 은혜를 얻기 위하여 은혜의 보좌 앞에 담대히 나아갈 것이니라"(히 4:15-16).

우리의 필요를 아시고 도우시는 은혜를 얻기 위해 은혜의 보좌 앞에 담대히 나아가야 합니다. 이 담대함은 뻔뻔스러움이 아닙니다. 약속된 하나님의 은혜가 이루어질 줄 확신한 데서 나오는 담대함입니다. 우리가 나아가는 보좌는 심판의 보좌가 아니라 은혜의 보좌입니다. 권위를 내세워 위압하는 보좌가 아니라 어떻게 하면 우리를 회복시키실까 노심초사하는 은혜의 보좌입니다. 은혜 안에서 자라 가는 사람은 이렇게 담대함으로 은혜의 보좌 앞으로 나아갑니다.

약속된 늦은 비의 은혜

성경은 이 늦은 비의 은혜로서 우리가 성령 충만할 것을 약속하고 있습니다. 그러므로 우리에게는 이미 이른 비가 임했습니다. 바로 믿음으로 의롭게 된 것입니다. 이제 우리에게는 성령이 충만해지는 늦은 비의 은혜가 약속되어 있습니다.

오순절에 마가 다락방에 모인 성도들에게 임한 성령의 역사는 제자들이 그 은혜를 간절히 원했기 때문에 이뤄진 것이 아닙니다. 예수님이 제자들에게 "예루살렘을 떠나지 말고 내게서 들은 바 아버지께서 약속하신 것을 기다리라"(행 1:4)고 약속하신 것이 하나님의 은혜로 이루어진 것입니다. 마가 다락방에 모인 성도들이 한 것은 단지 말씀대로 기다린 일이었습니다.

그런데 오순절에 임한 성령의 충만함은 새로운 은혜의 시대를 열게 되었습니다. 이제 영적 추수의 시대가 시작된 것입니다. 그리고 오순절에 임한 성령 강림은 제자들에게만 약속된 것이 아니라 우리에게도 약속된 것입니다. 바로 늦은 비의 약속입니다.

나는 그저 평범하게 교회 다니는 것으로 만족하겠다 하십니까? 성령 충만까지는 바라지 않겠다 하십니까? 그러나 성령 충만은 선택이 아니라 필수입니다. 약속된 은혜입니다. 내가 누려야 할 은혜입니다.

나는 오순절에 임한 성령 충만을 '이른 비'라고 생각합니다. 그리고 이제 기꺼이 율법을 따라 행하게 되고 자발적으로 순종하게 되며 마땅히 사랑하게 되는 성령 충만한 삶이 '늦은 비'로 약속되어 있습니다. 우리에게 약속된 은혜의 핵심은 성령의 충만함입니다. 우리는 다니엘처럼 약속된 이 은혜를 간절함으로 간구해야 합니다. 약속된 것이 이루어질 줄 확신하기 때문에 담대함으로 간구해야 합니다. 날마다 간구함으로 그 은혜 가운데 살아야 합니다. 약속된 것이니 마땅히 주어지겠지 해서는 우상에 빠지고 맙니다.

스가랴 10장 2-3절을 보면, 우상들은 헛소리를 하고, 점쟁이들은 거짓 환상을 보고, 헛된 꿈을 말합니다. 그런데 안타까운 것은 목자들, 즉 지도자들부터 우상에 빠졌다는 것입니다. 그래서 그 땅에 늦은 비의 은혜가 그치고 말았습니다.

그런데 놀라운 것은 늦은 비의 은혜를 가져다주는 분이 있습니다.

"모퉁잇돌이 그에게서, 말뚝이 그에게서, 싸우는 활이 그에게서, 권세 잡은 자가 다 일제히 그에게서 나와서"(슥 10:4).

영원한 회복, 영원한 구원을 가져다주는 그분은 바로 예수 그리스도입니다. 당시 건축에서 모퉁잇돌의 크기와 재질이 모든 건물을 결정했습니다. "그리스도 예수께서 친히 모퉁잇돌이 되셨느니라"(엡 2:20)에서 모퉁잇돌이 언급되듯이 예수 그리스도는 이 땅의 교회의 모퉁잇돌이십니다. 또한 그분은 천막의 말뚝과 같습니다. 천막을 칠 때 아무리 천이 좋아도 말뚝이 없으면 천막은 세워지지 않습니다. 그리스도는 우리의 삶을 지탱해 주고 견고하게 보호해 주시는 천막의 말뚝 같은 분이십니다. 또 그분은 "싸우는 활" 같아서 우리에게 승리를 안겨 주십니다.

우리의 기초가 되어 주시고 우리를 보호하시고 지탱해 주실 뿐 아니라 우리에게 승리를 가져다주시는 분이라면 예수 그리스도밖에 없습니다. 스가랴는 이렇듯 각 장마다 장차 새 언약의 중보자이며 늦은 비의 은혜를 가져다주시는 예수 그리스도를 예언하고 있습니다.

늦은 비의 은혜가 가져다주는 축복

늦은 비의 은혜가 임하면 세 가지 축복이 있습니다.

> "내가 유다 족속을 견고하게 하며 요셉 족속을 구원할지라 내가 그들을 긍휼히 여김으로 그들이 돌아오게 하리니 그들은 내가 내버린 일이 없었음같이 되리라 나는 그들의 하나님 여호와라 내가 그들에게 들으리라 에브라임이 용사 같아서 포도주를 마심같이 마음이 즐거울 것이요 그들의 자손은 보고 기뻐하며 여호와로 말미암아 마음에 즐거워하리라"(슥 10:6-7).

첫째는, "그들은 내가 내버린 일이 없었음같이 되리라"입니다. 얼마나 놀랍고 아름다운 축복입니까? 이스라엘은 하나님께 버림받은 기억이 있습니다. 나라가 멸망해서 바벨론 포로로 끌려간 것입니다. 그런데 늦은 비의 은혜가 임하면 한 번도 버림받지 않은 것처럼 되리라는 것입니다.

우리 역시 이런 상처를 가지고 있습니다. 사랑받지 못한 상처, 인정받지 못한 상처, 거절당한 상처가 있습니다. 그런데 늦은 비의 은혜가 임하면 한 번도 그런 적 없던 사람처럼 됩니다.

우리는 모두 하나님께 성도로 부름 받은 사람들입니다. 성도란 영어로 'saint'(성자)입니다. 하나님이 우리를 의롭게 여기시기에 '성도'라 불리게 되었습니다. 그런데 실제로 우리는 의롭습니까? 그렇지 않습니다. 우리는 하나님이 의롭게 여기신 것이지 의로운 것이 아닙니다. 여전히 죄 가운데 있지만 죄가 없는 것처럼 여겨 주신 것입니다. 그래서 우리가 예수 그리스도를 믿음으로 의롭게 되었음에도 실제로 그 변화를 실감할 수 없는 것입니다.

그런데 늦은 비의 은혜, 즉 성화는 내 삶에 진짜 거룩이 임하는 것입니다. 진짜 내 삶에 의로운 삶이 임하는 것입니다. 예수 그리스도 안에서 우리에게 늦은 비가 임하면 마치 한 번도 버림받지 않은 것처럼 우리의 상처가 깨끗이 회복되는 것입니다. 고아로 자라서 한 번도 부모의 사랑을 받지 못했어도 하나님이 우리의 아버지가 되는 늦은 비의 은혜가 임하면 부모의 사랑을 받지 못한 흔적이 하나도 보이지 않게 되는 것입니다.

누군가는 "예수 그리스도의 구원의 은혜를 통해서 누리게 될 축복은 아담과 하와가 타락 이전의 상태로 되돌아가는 것 이상이다"고 했습니다. 타락 이전의 아담과 하와가 하나님과 나누었던 교제보다 더 깊은 은혜, 더 친밀한 교제를 나누게 된다는 것입니다.

둘째는, 늦은 비의 은혜가 임해서 은혜 가운데 자라 가는 사람은 날마다 하나님의 휘파람 소리를 듣게 됩니다.

"내가 그들을 향하여 휘파람을 불어 그들을 모을 것은 내가 그들을 구속하였음이라 그들이 전에 번성하던 것같이 번성하리라"(슥 10:8).

목자는 일일이 따라다니면서 양을 부르지 않습니다. 휘파람을 불면 양들이 목자의 소리를 듣고 목자에게 모입니다. 휘파람 소리는 얼마나 즐거운 소리입니까? 고통스럽게 하는 소리가 아니라 우리를 즐거움 가운데 인도하는 소리입니다. 하나님의 휘파람 소리를 듣는다는 것은 하나님이 나로 말미암아 기쁨을 이기지 못하겠다고, 나를 사랑하신다고 하시는 소리를 날마다 듣는 것입니다.

"너로 말미암아 기쁨을 이기지 못하시며 너를 잠잠히 사랑하시며 너로 말미암아 즐거이 부르며 기뻐하시리라"(습 3:17).

하나님의 진노의 소리, 하나님의 심판의 음성을 듣지 않고 하나님의 휘파람 소리를 듣는 인생이야말로 축복된 인생입니다. 늦은 비가 임한 축복입니다.

셋째는, 고난의 바다를 지나갈 때에 하나님을 의지하여 하나님의 이름으로 승리하게 됩니다.

"내가 그들이 고난의 바다를 지나갈 때에 바다 물결을 치리니 나일의 깊은 곳이 다 마르겠고 앗수르의 교만이 낮아지겠고 애굽의 규가 없어지리라 내가 그들로 나 여호와를 의지하여 견고하게 하리니 그들이 내 이름으로 행하리라 나 여호와의 말이니라"(슥 10:11-12).

고난의 바다가 왜 옵니까? 우리의 교만을 꺾기 위해 옵니다. 그러므로 겸손한 자는 고통의 파도가 닥칠지라도 절대 넘어지지 않습니다. 겸손하게 엎드린 사람은 넘어지지 않습니다. 교만으로 목이 뻣뻣한 사람이 넘어집니다. 은혜 가운데 자라 가는 사람은 고통의 파도가 나를 집어삼킬 듯이 덤벼들지만 사실 그것은 나를 괴롭히는 교만과 유혹을 쓸어버릴 뿐 정작 나를 넘어뜨리지는 못합니다. 그러므로 두려워하지 마십시오. 고통의 파도는 나를 정결하게 하시고 내 주변의 교만한 힘을 제거하셔서 나를 일으키시는 은혜의 파도입니다. 태풍이 불면 무서움에 기겁을 하지만 태풍은 사실 더러워진 자연을 정화합니다. 고통의 파도도 우리의 삶을 정화해서 승리의 삶으로 이끕니다.

늦은 비가 임하면 한 번도 버림받지 않은 것처럼 모든 상처가 치유됩니다. 그리고 날마다 나를 사랑한다는 하나님의 경쾌한 음성을 듣게 됩니다. 마침내 고통의 파도를 뚫고 승리하는 삶을 살게 됩니다. 이것이 우리에게 약속된 늦은 비의 은혜입니다. 그러므로 날마다 이 은혜를 간구함으로 은혜 가운데 자라 가기를 바랍니다.

¹ 다윗이 이르되 사울의 집에 아직도 남은 사람이 있느냐 내가 요나단으로 말미암아 그 사람에게 은총을 베풀리라 하니라 ² 사울의 집에는 종 한 사람이 있으니 그의 이름은 시바라 그를 다윗의 앞으로 부르매 왕이 그에게 말하되 네가 시바냐 하니 이르되 당신의 종이니이다 하니라 ³ 왕이 이르되 사울의 집에 아직도 남은 사람이 없느냐 내가 그 사람에게 하나님의 은총을 베풀고자 하노라 하니 시바가 왕께 아뢰되 요나단의 아들 하나가 있는데 다리 저는 자니이다 하니라 ⁴ 왕이 그에게 말하되 그가 어디 있느냐 하니 시바가 왕께 아뢰되 로드발 암미엘의 아들 마길의 집에 있나이다 하니라 ⁵ 다윗 왕이 사람을 보내어 로드발 암미엘의 아들 마길의 집에서 그를 데려오니 ⁶ 사울의 손자 요나단의 아들 므비보셋이 다윗에게 나아와 그 앞에 엎드려 절하매 다윗이 이르되 므비보셋이여 하니 그가 이르기를 보소서 당신의 종이니이다 ⁷ 다윗이 그에게 이르되 무서워하지 말라 내가 반드시 네 아버지 요나단으로 말미암아 네게 은총을 베풀리라 내가 네 할아버지 사울의 모든 밭을 다 네게 도로 주겠고 또 너는 항상 내 상에서 떡을 먹을지니라 하니 ⁸ 그가 절하여 이르되 이 종이 무엇이기에 왕께서 죽은 개 같은 나를 돌아보시나이까 하니라 ⁹ 왕이 사울의 시종 시바를 불러 그에게 이르되 사울과 그의 온 집에 속한 것은 내가 다 네 주인의 아들에게 주었노니 ¹⁰ 너와 네 아들들과 네 종들은 그를 위하여 땅을 갈고 거두어 네 주인의 아들에게 양식을 대주어 먹게 하라 그러나 네 주인의 아들 므비보셋은 항상 내 상에서 떡을 먹으리라 하니라 시바는 아들이 열다섯 명이요 종이 스무 명이라 ¹¹ 시바가 왕께 아뢰되 내 주 왕께서 모든 일을 종에게 명령하신 대로 종이 준행하겠나이다 하니라 므비보셋은 왕자 중 하나처럼 왕의 상에서 먹으니라 ¹² 므비보셋에게 어린 아들 하나가 있으니 이름은 미가더라 시바의 집에 사는 자마다 므비보셋의 종이 되니라 ¹³ 므비보셋이 항상 왕의 상에서 먹으므로 예루살렘에 사니라 그는 두 발을 다 절더라

삼하 9:1—13

CHAPTER 15

당신은
은혜의 만찬에 참여하고 있는가?

나는 미국에서 공부할 때 은혜를 경험했습니다. 트리니티 신학교에서 아주 유명한 선교학자이신 폴 히버트(Paul G. Hiebert) 교수는 훌륭한 인도 선교사이자 선교학자였습니다. 그의 삶과 학문은 많은 선교사들에게 깊은 감동과 영향을 주었습니다. 영어가 능숙지 않은 유학생인 나는 학기말에 리포트 쓰는 일이 정말 큰일이었습니다. 그런 내게 히버트 교수는 "6개월이 걸려도 좋고 1년이 걸려도 좋으니 공부하는 리포트를 쓰라"고 했습니다. 시간에 쫓겨서 자기 것이 되지 않은 리포트를 내지 말라고 조언한 것입니다. 실제로 그는 말로만 그런 게 아니라 1년 뒤에 리포트를 제출한 학생에게 학점을 주고 그 과목을 이수한 것으로 인정해 주었습니다. 그런데 사실 트리니티 신학교는 정해진 기간에 리포트를 내지 않으면 안 되는 엄격한 학교입니다. 그런 학교라도 저명한 학자가 베푸는 은혜에는 토를 달지 않았습니다.

나는 그가 아니었으면 졸업하지 못했을 것입니다. 그는 폐암에 걸려 병원신세를 지면서도 마지막까지 붙들고 있던 내 리포트를 받아 줘서 학점을 이수하도록 도와주었습니다. 꺼져 가는 마지막 생명의 불을 부여잡고 나오지도 않는 소리로 나의 학점 이수를 인정해 주는 전화를 걸어 준 것입니다. 그 후 몇 개월 뒤에 숨을 거두었으니 내게는 얼마나 큰 은인인지 모릅니다.

그는 특별히 영어가 서툰 외국인 학생들에게 관대했습니다. 나뿐 아니라 많은 학생이 그에게 은혜의 빚을 많이 졌습니다.

음악에서 꾸밈음을 'grace note'라고 합니다. 정해진 음이 아니지만 꾸밈음이 적절한 곳에 들어가면 음악이 더 풍성해지고 감칠맛 납니다. 우리 인생에도 감칠맛 나게 만드는 꾸밈음이 필요합니다. 폴 히버트 교수는 이국땅에서 힘겹게 공부하는 내게 꾸밈음과 같은 존재였습니다.

내가 죽고 그가 사시는 은혜

은혜는 예수 그리스도를 통하여 옵니다. 예수님은 십자가 구속을 통해 하나님과 나 사이를 연결하는 다리가 되어 주셨습니다. 그래서 우리는 예수 그리스도의 이름으로 기도합니다. 예수 그리스도가 모든 은혜의 통로이기 때문입니다.

십자가는 하나님의 자기희생이며 진리를 지킨 결과입니다. 그 아들을 십자가에 내어 주기까지 희생하셨기 때문에 우리는 하나님의 은혜를 받을 수 있게 되었습니다. 여기에는 제한이 없고 차별이 없습니다. 어느 누구든지 조건 없이 은혜를 주십니다.

그런데 값없이 베푸시는 하나님의 은혜 안에 들어가면 우리의 믿음이 자랍니다. 옛 사람이 변화됩니다. 그 은혜 안에 들어가면 옛 사람 그대로 살아갈 수가 없습니다.

옛 언약 가운데 있을 때는 산천이 수없이 바뀌어도, 무시무시한 경고를 받고 겪었어도, 심지어 온 세상을 쓸어버리는 심판을 받았어도 사람은 변하지 않았습니다. 홍수의 심판으로도, 바벨론의 심판으로도 사람의 본질은 변하지 않았습니다.

그러나 새 언약 가운데에서는 그리스도 은혜 안에 거하는 변화가 일어납니다. 어떠한 형벌과 심판으로도 변하지 않던 사람의 본성이 변화됩니다. 우리의 옛 사람은 십자가에 못 박고 새롭게 성령으로 태어나는 새 자아가 그리스도 안에 거하므로 그리스도와 동행하는 인생이 됩니다. 심판으로도 변화되지 않던 인생들이 예수 그리스도의 십자가 앞에 나오면 진리를 행하며 거룩해지는 인생으로 변화됩니다. 하나님의 은혜는 진리를 행하게 하는 은혜이기 때문입니다.

> "나는 포도나무요 너희는 가지라 그가 내 안에, 내가 그 안에 거하면 사람이 열매를 많이 맺나니 나를 떠나서는 너희가 아무것도 할 수 없음이라… 너희가 내 안에 거하고 내 말이 너희 안에 거하면 무엇이든지 원하는 대로 구하라 그리하면 이루리라"(요 15:5-7).

새 언약의 은혜 안에 거한 사람은 "나는 주님을 떠나서는 아무것도 할 수 없습니다. 주님을 떠난 인생은 나에게 의미가 없습니다. 기쁨도 없습니다"라는 고백을 하게 됩니다. 그리스도의 은혜 안에 살지 않아도 아무 문제가 없다고요? 이생에서는 진짜 생명이 무엇인지 모르기 때문에 아무 문제가 없을 수 있습니다. 그러나 죽음 앞에 섰을 때 이생의 삶이 진짜가 아니었음을 깨닫게 될 것입니다. 오직 예수 그리스도가 내 안에 있을 때 이 땅에서 진짜이며 영원한 생명을 누릴 수 있습니다.

> "이제는 내가 사는 것이 아니요 오직 내 안에 그리스도께서 사시는 것이라"(갈 2:20).

예수 그리스도를 통하여 은혜를 받으면 이제는 내가 사는 것이 아니라 그리스도가 내 안에서 살아 계시게 됩니다.

그리스도를 통하여 오는 은혜는 그리스도 안에 거하는 은혜로 바뀌고 그런 다음 그리스도와 같이 변화되어 갑니다. 우리가 알지 못하는 사이 우리 삶에서 은혜와 진리가 균형을 이룬 예수님의 인격이 조금씩 나타나게 되는 것입니다.

그리스도는 누구를 막론하고 "수고하고 무거운 짐 진 자들아 다 내게로 오라 내가 너희를 쉬게 하리라"고 초청하십니다. 이 초청에 응해 주 안에 거하면 그리스도는 절대로 우리를 옛 사람 그대로 내버려두시지 않습니다. 조금씩 예수님처럼 변화시켜 가십니다. 그리스도와 같이 아름다운 하나님의 형상대로 빚어 가십니다.

이것이 날마다 우리에게 예비된 은혜요, 우리가 구해야 할 은혜요, 체험해야 할 은혜입니다.

당신은 기도할 때 "그렇게 살지 못했습니다"를 반복하고 있습니까, 아니면 주 안에서 승리할 수 있었다는 승전의 기도를 하고 있습니까? 우리의 기도 내용을 보면 우리의 영성을 알 수 있습니다. 한 교회의 영성도 대표기도하는 장로들의 기도 내용에서 그 수준을 가늠할 수 있습니다. 패전을 알리는 기도를 하고 있습니까, 승전을 알리는 기도를 하고 있습니까? 아침에는 큐티를 통해 공급받은 하나님의 은혜를 붙잡고 출근했다가 돌아올 때는 "하나님, 오늘도 또 졌습니다. 오늘도 무너졌습니다" 하는 기도를 하지 않습니까?

그러나 하나님의 은혜 안에 있으면 언제나 새로운 시작을 할 수 있습니다. 하나님의 은혜 안에 있으면 날마다 자라납니다. 그리스도 안에서 강하고 담대해집니다. 오늘 패배했을지라도 날마다 자라서 담대해지면 내일은 승전의 기도를 올리게 됩니다.

천국에 가면 가장 많이 듣는 단어가 '은혜'랍니다. 왜냐하면 천국에서 만날 수 없을 것 같던 사람을 만났기 때문에 서로 손잡고 "은혜입니다" 하는 겁니다.

하나님 아버지를 닮은 자녀, 다윗

우리가 그리스도와 같이 변화되었다는 증거는 무엇일까요? 그것은 은혜가 필요한 사람에게 은혜의 통로가 되어 주는 것입니다. 그리스도를 만나기 전에는 날마다 무엇을 달라고 요구만 하던 사람이었다가 그리스도를 만난 뒤 필요한 사람에게 필요를 통하게 하는 사람이 되는 것입니다. 내가 통로가 되어 하나님의 은혜를 필요로 하는 사람들에게 전달하는 것입니다.

사무엘하 9장에서 다윗은 지금 은혜의 통로가 되어 은혜를 베풀 대상을 찾고 있습니다.

"사울의 집에 아직도 남은 사람이 있느냐 내가 요나단으로 말미암아 그 사람에게 은총을 베풀리라"(삼하 9:1).

다윗이 왕이 된 뒤 어느 날 문득 요나단과 한 약속을 떠올렸습니다.

성공한 사람은 대개 두 부류로 나뉩니다. 하나는 자기의 성공을 기반으로 누군가에게 축복의 통로가 되는 사람이고, 다른 하나는 그 기반으로 더 큰 성공을 이루려는 사람입니다. 그런데 대개 사람이 베푸는 은혜는 돌아올 것을 기대하는 은혜일 때가 많습니다. 일종의 투자라고 할 수 있는데요, 나는 사실 이렇게라도 은혜를 베푸는 사회가 된다면 세상은 좀 더 살기 좋아질 것이라고 생각합니다.

그러나 진짜 은혜는 아무것도 기대할 수 없는 대상에게 자기의 소유를 나누는 것입니다. 이런 사람이 진정한 은혜의 통로가 됩니다.

다윗이 지금 찾고 있는 은혜의 대상은 누굽니까? 사울의 자손들입니다. 그런데 사울이 누구입니까? 아무 죄 없는 다윗을 쫓아다니며 죽이려 한 사람이 아닙니까? 이 사울로 인해 다윗은 오랜 세월을 떠돌이 생활을 해야 했습니다. 그런데 돌아보면 이 사울의 괴롭힘으로 인해 다윗은 오늘날 우리의 심금을 울리는 시편의 시를 쓸 수 있었습니다. 다윗의 시를 읽고 수많은 사람이 큰 위로를 받았습니다.

그럼에도 나는 다윗이 왜 '사울의 자손'이라 했을까 이해할 수가 없었습니다. '요나단의 자손'이라고 하면 수긍이 갑니다. 요나단의 도움이 없었다면 다윗은 더 곤란했을 것입니다. 요나단은 다윗을 진심으로 사랑해서 아버지로부터 도망갈 길을 내준 사람입니다. 그런데 다윗은 지금 은혜의 대상을 '요나단의 자손'이 아니라 '사울의 자손'으로 확장시키고 있습니다.

이렇듯 하나님의 은혜는 은혜받을 대상을 제한하지 않습니다. 조건을 따지지 않습니다. 그가 나를 대적해서 죽이려 했다 해도 상관없이 은혜를 베푸십니다.

그런 까닭에 다윗은 하나님의 은혜의 통로가 되었음이 틀림없습니다. 왜냐하면 사람으로는 이런 은혜를 베풀 수 없기 때문입니다. 하나님의 사랑이 내 안에 흘러넘치지 않으면 내 목숨을 노린 사람을 사랑하기는 불가능하기 때문입니다.

그러나 우리로서는 할 수 없지만 그리스도가 우리 안에 거하면 놀랍게도 예수님이 산상수훈에서 말씀하신 것처럼 원수를 사랑하게 됩니다. 나를 핍박하는 사람을 위해 기도하게 됩니다.

> "너희 원수를 사랑하며 너희를 박해하는 자를 위하여 기도하라 이같이
> 한즉 하늘에 계신 너희 아버지의 아들이 되리니"(마 5:44-45).

원수를 사랑하고 나를 박해하는 자를 위해 기도하면 하나님 아버지의 아들이 된다고 합니다. 이것은 원수를 사랑해야 하나님의 자녀가 된다는 뜻이 아니라, 가장 자녀다운 자녀, 다시 말해 아버지 하나님을 닮

은 자녀가 된다는 뜻입니다.

이 말씀에 비춰 보았을 때 사무엘하 9장에 나타난 다윗의 모습이 어떻습니까? 지금 다윗은 가장 자녀다운 자녀, 하나님 아버지를 닮은 자녀의 모습입니다.

므비보셋에게 찾아온 은총

은혜 베풀 대상을 찾아보니 사울의 자손 중에 사울의 손자인 므비보셋이 살아 있다는 소식을 듣게 됩니다. 그런데 감사하게도 므비보셋은 요나단의 아들이었습니다. 그런데 므비보셋은 '가장 치욕스럽다'(big shame)는 뜻을 가지고 있습니다. 왜 그런 이름을 갖게 되었는지는 알 수 없으나 실제로 므비보셋은 치욕스럽고 수치스러운 인생을 살고 있었습니다.

므비보셋이 다섯 살 때 블레셋과의 전투에서 사울과 요나단이 죽고 왕국이 유린당했습니다. 적을 피해 유모가 다섯 살 므비보셋을 안고 도망가다가 실수로 떨어뜨리는 바람에 그 충격으로 두 다리를 못 쓰게 되었습니다. 므비보셋은 왕의 후손으로 태어났으나 두 다리를 잃고 숨어 사는 처지가 되었습니다. 사실 므비보셋을 가장 괴롭힌 것은 육신의 장애를 얻은 것보다, 부모를 잃은 것보다, 고아가 된 것보다 일평생 자신의 신분을 숨기며 살아야 하는 도망자 신세였을 것입니다. 당시 고대 왕정 시대에는 왕권이 바뀌면 이전 왕족의 후예는 다 멸족시켰습니다. 반역의 씨앗을 제거하기 위해서입니다. 므비보셋은 살아도 산 것이 아니었습니다. 더구나 이스라엘의 왕이 된 자는 할아버지 사울이 그토록 괴롭히던 다윗입니다. 므비보셋은 가능한 한 더 깊숙이 숨어 지내야 했습니다.

므비보셋은 로드발이라는 곳에서 살았습니다. 로드발의 로는 히브리어로 '아니'라는 뜻이고 드발은 '목초지'라는 뜻입니다. 즉 목초지가 아닌 황무지란 뜻입니다. 사람이 거하지 않는 황무지에서 므비보셋은 숨어 살고 있었던 것입니다.

모세가 애굽의 왕궁에서 미디안 광야로 도망쳐 숨어 산 것처럼 므비보셋도 화려한 왕궁을 잊고 로드발에서 숨어 살고 있었습니다.

그러던 어느 날 그의 집에 사람들이 찾아왔습니다. 벨이 울립니다. 누구십니까? 이곳이 므비보셋이 사는 집입니까? 심상치 않습니다. 정보원처럼 보이는 사람들이 와서 자신을 찾고 있습니다. 그 순간 그는 직감했죠. 다윗이 나를 찾았구나! 그들에 둘러싸여 다윗 왕 앞으로 걸어가는 그 길이 얼마나 무겁고 두려웠겠습니까? 그러나 도망칠 곳은 어디에도 없습니다. 운명에 맡기는 수밖에 없는 것입니다.

드디어 다윗 왕 앞에 섰습니다. 므비보셋은 그 순간 사형장에 끌려간 심정이었을 것입니다. 이제 내 인생도 여기서 끝나는구나 했을 것입니다. 그때 다윗의 입에서 뜻밖의 말이 나옵니다.

"무서워하지 말라 내가 반드시 네 아버지 요나단으로 말미암아 네게 은총을 베풀리라"(삼하 9:7).

사형수가 사형장에서 이런 말을 들었다면 얼마나 놀랍고 기뻤겠습니까? 죽음의 나락으로 떨어지던 사람을 살리는 은혜의 말이지 않겠습니까? 므비보셋은 죽기를 각오하고 여기까지 왔습니다. 그런 그에게 뜻밖에도 음지에서 양지로 끌어올리는 놀라운 은혜가 선포된 것입니다. 여기서 '은총'이란 '헤세드'로서 '은혜'라는 뜻입니다. 앞에서도 설명했듯이 '헤세드'는 말로 표현할 수 없는 풍성한 은혜입니다. 우리를 향한 하나님의 사랑과 은총이 바로 헤세드입니다. 다윗이 므비보셋에게 이 헤세드를 베풀기 원한다는 것입니다. 그 내용은 무엇입니까?

"내가 네 할아버지 사울의 모든 밭을 다 네게 도로 주겠고 또 너는 항상 내 상에서 떡을 먹을지니라"(삼하 9:7).

첫째, 사울의 모든 재산을 므비보셋에게 돌려주겠다고 합니다. 매달 생활비만 줘도 감사할 텐데 사울이 왕으로서 소유하던 모든 재산을 돌려주겠다는 것입니다. 이 말을 듣고 곁에 있던 신하들은 모두 기절했을지도 모릅니다. 왕이 소유한 재산이니 얼마나 어마어마했겠습니까?

둘째, 왕자 중 한 사람처럼 왕의 식탁에서 매일 식사할 것이라는 겁니다. 므비보셋으로선 숨어 살지 않는 것만도 엄청난 큰 축복이었을 것입니다. 그런데 왕의 식탁에까지 앉게 하겠다니, 그것은 왕의 영광을 누리게 해주겠다는 의미입니다.

왕의 식탁에는 누가 앉았습니까? 잘생긴 아들 압살롬이 앉았습니다. 수능 만점의 천재 솔로몬도 앉았습니다. 훌륭한 장군 요압도 앉았습니다. 그런 자리에 므비보셋이 합석하는 겁니다. 다윗을 제외하고 나머지 사람들은 므비보셋이 거슬렸을지도 모릅니다. 그러나 감히 왕의 명령을 거부할 수는 없습니다. 도무지 그 자리에 어울리지 않는 므비보셋이 단지 다윗의 은총으로 함께 앉게 된 것입니다. 이것이 하나님의 은혜입니다. 도무지 하나님과 어울릴 만한 인물이 아닌데도 하나님은 우리를 왕의 식탁에 앉게 하시는 분입니다.

그러자 므비보셋이 이렇게 대답합니다.

"이 종이 무엇이기에 왕께서 죽은 개 같은 나를 돌아보시나이까"(삼하 9:8).

이 므비보셋에게서 우리의 모습을 발견하게 됩니다. 므비보셋은 왕궁에서 태어날 때만 해도 모든 것을 다 가진 자였습니다. 우리 역시 하나님의 자녀로 태어났으니 모든 것을 다 가진 자입니다. 그러나 므비보셋은 하루아침에 자기 잘못도 아닌데 그 모든 소유를 잃고 말았습니다.

우리도 에덴동산 밖 로드발에서 하나님을 피해 숨어 지내는 인생이 되었습니다. 그런 우리를 어느 날 은혜의 하나님이 찾아오셔서 "내가 예수 그리스도로 인하여 네게 은혜를 베풀리라" 하십니다. 매일 왕의 식탁에서 함께 하나님 아버지와 교제하는 은혜도 주셨습니다. 그리고 우리를 보호하고 지켜 주시겠다고 약속하십니다. 이것이 우리가 일평생 누릴 은혜입니다.

나의 나 된 것은 다 하나님 은혜라

다윗은 왜 굳이 므비보셋을 식탁의 자리에까지 오르게 했을까요? 다윗의 마음이 시편 23편에 잘 드러나 있습니다.

> "내가 사망의 음침한 골짜기로 다닐지라도 해를 두려워하지 않을 것은 주께서 나와 함께하심이라 주의 지팡이와 막대기가 나를 안위하시나이다"(시 23:4).

다윗이 사울을 피해 광야로, 동굴 속으로 도망 다닐 때 그의 목자 되신 하나님이 찾아오셔서 그를 지키시고 보호하셨음을 노래하고 있습니다. 다윗은 므비보셋에게서 광야 시절의 자신의 모습을 떠올린 것입니다. 그리고 그를 안위하신 하나님을 떠올렸습니다.

> "주께서 내 원수의 목전에서 내게 상을 차려 주시고 기름을 내 머리에 부으셨으니 내 잔이 넘치나이다"(시 23:5).

광야에서 헤매는 다윗에게 하나님이 따뜻한 밥상을 주셨다는 겁니다. 그는 하나님과 더불어 식사하는 은혜를 누린 것입니다. 이제 다윗은 하나님께 받은 그 은혜를 원수의 자손에게 베풀겠다고 합니다.

원수의 목전에서 하나님과 식사하는 것은 어떤 기분일까요? 원수가 우리를 넘어뜨리려고 사나운 눈빛을 이글거리고 있는데 하나님이 이렇게 말씀하십니다.

"애들아, 신경 쓰지 마. 식사나 해."

원수는 그 식탁을 덮치고 싶지만 감히 그럴 수가 없습니다. 천군 천사가 보호하는 하나님의 식탁을 감히 덮칠 수가 없는 것입니다. 원수가 눈앞에서 으르렁거리니 당황스럽습니다. 그러나 하나님은 "쳐다보지 마. 신경 쓰지 마" 하시며 맛난 식탁을 베푸십니다. 예수님은 자신을 부인한 베드로에게 아침식사를 베풀어 주셨습니다. 그를 판 가룟 유다에게는 자신의 살과 피를 기념하는 떡과 술을 나누셨습니다.

오늘 우리에게도 하나님은 하나님의 말씀과 성령 안에서 왕의 식탁에 참여하는 은혜를 베푸십니다. 이 은혜를 우리가 일평생 누리고 살아갈 뿐만 아니라, 다윗이 므비보셋에게 그랬듯이 우리 역시 또 다른 누군가에게 하나님 은혜의 통로가 되어 주어야 합니다.

우리가 하나님 은혜의 통로로 살아갈 때 주님의 인격이 우리 삶에서 드러나게 됩니다. 그리고 마지막 날에 그 아들의 형상대로 온전히 변화되고 영광스럽게 변화될 것입니다.

나를 지으신 이가 하나님
나를 부르신 이가 하나님
나를 보내신 이도 하나님
나의 나 된 것은 다 하나님 은혜라

나의 달려갈 길 다가도록
나의 마지막 호흡 다하도록
나로 그 십자가 품게 하시니
나의 나 된 것은 다 하나님 은혜라

한량없는 은혜 갚을 길 없는 은혜
내 삶을 에워싸는 하나님의 은혜
나 주저함 없이 그 땅을 밟음도
나를 부르시는 하나님의 은혜

하나님의 은혜는 한량이 없습니다. 절대 변함이 없고 포기가 없으며 나의 허물과 죄를 보지 않으십니다. 자격 없는 우리를 식탁에 앉히시고 왕의 식탁을 누리게 하십니다. 원수의 눈앞에서도 끄떡없이 식탁을 베풀어 은혜를 누리게 하십니다.

이 은혜 가운데 있으면 주님을 닮아 갑니다. 주님의 인격이 삶에서 드러나게 됩니다. 그리고 마침내 하나님 은혜의 통로가 되어 은혜가 필요한 사람을 주님께 이끕니다.

나의 나 된 것은 다 하나님 은혜밖에 없습니다.

하나님은 절대로 우리를 옛 사람 그대로 내버려두시지 않습니다. 조금씩 예수님처럼 변화시켜 가십니다. 그리스도와 같이 아름다운 하나님의 형상대로 빚어 가십니다. 이것이 날마다 우리에게 예비된 은혜요, 우리가 구해야 할 은혜요, 체험해야 할 은혜입니다.